coleção MODA BRASILEIRA

MARCELO SOMMER

COSACNAIFY

O LADO BRILHANTE DAS RUAS
Jotabê Medeiros [7]

O TEATRO MÁGICO DE MARCELO SOMMER
Camila Yahn [13]

CRONOLOGIA [145]

SÃO PAULO
27
ORDEM
NA

Flávia pisou pela primeira vez na passarela vestindo uma saia longa azul, uma peruca prateada de boneca, um bustiê azul bem apertado e uma máscara de carnaval de Veneza. Não conseguia conter o entusiasmo. Fofão desfilou com um chapéu azul e saia curta plissada com listras vermelhas. Vanessa fez o gênero Rosinha, a namorada do Chico Bento: entrou de vestido de chita e coroa de flores. A Carioca abalou Bangu, para dizer o mínimo: entrou de calça xadrez, cartola e paletó com gola xadrez. Rogéria encarnou um diabo, com tridente e tudo, um belzebu de peruca ruiva e vestido vermelho com abertura lateral canyonesca.

No Carandiru, Flávia, Fofão, Vanessa, Carioca e Rogéria costumavam ser apenas números. Naquela manhã do dia 16 de dezembro de 1999, entretanto, por causa de uma alquímica dose de boa vontade, criatividade e delírio artístico, elas se deram conta de que eram mais importantes do que a numerologia carcerária fazia crer. Elas estavam soberanas na passarela, eram modelos, e desfilavam uma coleção exclusiva de Marcelo Sommer [p. 151].

Os nomes de guerra, nomes de batalha, codinomes beija-flores, não eram as únicas particularidades que distinguiam aquelas modelos do resto dos detentos no mundo dos presídios: Flávia, Fofão, Vanessa, Carioca e Rogéria são travestis. Se, como diziam Lennon e Yoko, "a mulher é o negro do mundo, o escravo dos escravos", o travesti está num lugar ainda menos favorável nas arcadas sociais — na cadeia, é a Amélia total.

O DJ Gus fazia a trilha do desfile, que tinha Rita Cadillac como mestre-de-cerimônias. Lembro de ter chegado ao Carandiru e entrado numa fila, organizada por Sophia Bisilliat, que tinha produzido o insólito desfile dentro do presídio durante nove meses. Na portaria, o carcereiro ficava com a identidade do visitante, e era tudo. Isso me deixou inquieto. Dava um certo medo, receio de não ter como provar depois que eu era eu, de não me deixarem mais sair, uma angústia kafkiana. Não era minha primeira vez na cadeia, mas aquela informalidade estava me deixando com coceira no nariz (o pior algoz é aquele que parece mais agradável).

Mas, depois de entrar, foi só ouvir na *pickup*, dentro do refeitório, o som de um Roberto Carlos metálico, cheio de guitarras, um som daqueles tipos valvulados, antigos ("Cartas já não adiantam mais/ Quero ouvir a sua voz"), que as sensações ruins foram se evaporando. Sentei no meio dos presos, cerca de 500 detentos, que eram a platéia do desfile. Um deles, preso por assalto à mão armada, puxou conversa. "Anteontem à noite ela jogou a calcinha para os presos", me confidenciou, como se fosse um velho amigo, Clayton, na época com 21 anos, apontando com um ar meio safado para Rita Cadillac lá no palco. "Quem pegar a calcinha está rico", ele me assegurou. "Pode vender ou alugar que não vai faltar comprador." Eu balancei a cabeça afirmativamente, com a boca aberta: "Hãhã!".

E fiquei pensando: quem é esse tal de Marcelo Sommer, esse doce maluco? Por causa dele, eu estava dentro da cadeia, e a cadeia parecia um filme do Fellini, um gibi do Milo Manara, um show do Blowfly. E o que é mais louco: mesmo na cadeia, eu estava adorando aquilo tudo. Quando eu saí do Carandiru, aquele cenário de fim de mundo da avenida Cruzeiro do Sul, com o metrô passando acima da cabeça, os ônibus enfileirados para entrar na rodoviária do Tietê, os carros: tudo parecia diferente, com mais cor, mais contraste. O sol estava carinhoso. Eu passava prestando mais atenção no rosto das pessoas paradas no ponto de ônibus, sorri para a senhora que arrastava uma mala maior que ela, parei no meio do sinal para um *motoboy*.

Já vi o Sommer na prisão, na TV, no rádio, na passarela, nas páginas do jornal. Mas nunca nos encontramos pessoalmente. Um homem revela o que pensa naquilo que faz. Então, resolvi conhecer o Sommer por aquilo que ele já disse ou deixou escapar em ocasiões distintas. Descobri que ele é exatamente tudo que eu pensava dele pelo que vi naquela remota manhã de 1999 — só não podia imaginar que ele tem dois cachorros, que em seu terceiro desfile ele levaria para a passarela uma fanfarra do colégio Salvador Rocco, da vila Carrão.

Ele sabe que a roupa é sempre uma fantasia social, e que, por causa disso, não há limite para a fantasia. Fellini queria ser o Mandrake. Atento ao comportamento dos jovens no metrô e nas ruas, à cultura das raves e dos clubes, ele enxerga a fantasia que alguém ainda não teve coragem de vestir, mas que carrega consigo, e a leva até a passarela. Há um quê de circense, de *clown*, um ideário de *comic book* no resultado, mas os heróis são de carne e osso.

"Esta é de fato a minha moda, eu vendo essas roupas. A saia de urso é um bom exemplo. É claro que a pessoa não vai ao supermercado com ela, mas eu atendo a um público que freqüenta raves, que trabalha à noite em danceterias, e aí a saia cabe. Por isso, acho os rótulos uma bobagem."

Sommer parece ser daqueles sujeitos que conseguem, em seu trabalho artístico, uma mistura certa de ironia e inteligência. Nem muito do primeiro item, que resvala para a deselegância, nem muito do segundo, que parece pedantismo ou arrogância. O impacto causado por aquela coleção que ele exibiu no Carandiru mostrava perfeitamente sua filosofia, o que poderia parecer apenas uma apropriação indevida dos códigos do submundo acabou sendo muito mais que isso: os travestis desfilaram com orgulho e a coleção era exuberante.

Sua pesquisa busca, ele diz, um jeito de agradar a memória. Eu diria mais: ele acaricia nossa memória com suas roupas. A toalha de mesa de linho, o cobertor Parahyba, veludo, lã, flanela, algodão, pelúcia vermelha, a fanfarra e o *office boy*.

Deve ser por isso que Sommer gosta de trabalhar para o Miss Brasil. Sim, ele faz trajes para as moças desfilarem no concurso. Tem tudo a ver. "Nunca havia assistido o Miss Brasil, mas acho que tem a ver com meu trabalho, é meio *kitsch*, anos 1950, tem uma identidade que eu gosto", disse.

Nas passarelas, a noção do que seja "a moda das ruas" é sempre um tanto quanto idealizada, um conceito que passa pelo filtro burguês, que lima as "impurezas", o ruído, e que transfere para os filhos das boas famílias a primazia da escolha. Sommer insurgiu-se contra esse estado de coisas desde que apareceu como um grande talento emergente da moda nacional, no Phytoervas Fashion, em meados dos anos 1990, e radicalizou essa filosofia durante seu trabalho com o grupo AfroReggae, no Rio de Janeiro, e com a cooperativa COOPA-ROCA, da Rocinha.

"Nos anos 1980, eram os estilistas que ditavam o que seria usado na rua", ele já dizia, na época. Hoje, essa estrada de mão única se inverteu: é a rua que inspira os estilistas a criar uma moda mais realista, concreta. "A roupa que você veste deve parecer que sempre foi sua, de tão personalizada que ela é."

Mas ele também não virou um estilista rousseuniano, querendo buscar algum tipo de pureza intrínseca à periferia, aos vagões do metrô, às estações de trem. Não existe mais a pureza, ele sabe disso. O *streetwear* de Sommer é uma criação artística, uma visão do estilista acerca dos códigos das ruas. Por exemplo: quando ele mergulhou no mundo *clubber*, enxertou antenas e asas de borboletas em ternos masculinos, além de revalorizar o corpete feminino.

Sua intervenção é precisa, atual. Quando necessário, ele é midiático, festeja a era das celebridades sem culpa. Mas não se põe a serviço da idiotia, da babação de ovo. Parece enxergar além das aparências, mas sem reivindicar superioridade ou apelar para a segregação.

Para a moda infantil, foi atrás de capuzes, joelheiras, sapatilhas e sapatos bicolores. Para ilustrar sua visão do "house barroco", uma era em que predominam o excesso e a música eletrônica, ele recorreu a babadinhos de brechó e a velhos globos da *disco music*. Ontem e hoje de mãos dadas. Como diz Paulinho da Viola, a respeito da nostalgia: "Meu tempo é agora". O tempo de Sommer é seu tempo, mas seu combustível vem de todas as esferas.

Volto a rever as fotos dos travecos no Carandiru, naquela quase virada de século, no refeitório do Pavilhão 6. Magrela estava desfilando de shortinho e chapéu, botas de caubói e peruca ruiva. Adriana estava com meias de bolinha amarelinha, saia de oncinha curtíssima, salto agulha e camiseta. Soweto, de *colant* preto e saia branca com saiotes por baixo.

No final de tudo, Sommer trouxe para a passarela o travesti Chica, vestido de noiva: branco, véu e grinalda. Doce transgressão. O som era *Que beleza*, da fase Universo em Desencanto de Tim Maia, com Sandra de Sá nos vocais. O malucão do Tim fechava um desfile visionário. Que beleza! Até dava para vê-lo naquela pregação insana, o Tim: "Viemos de um supermundo, de energia racional / E vivemos num antimundo, de energia animal / Leia o livro, o único livro, Universo em Desencanto / E vais saber a verdade".

O TEATRO MÁGICO DE MARCELO SOMMER CAMILA YAHN

> *It was a large room. Full of people. All kinds. And they had all arrived at the same building at more or less the same time. And they were all free. And they were all asking themselves the same question: What is behind that curtain?* [Era uma sala grande. Cheia de pessoas. De todos os tipos. E todos chegaram ao mesmo lugar, mais ou menos na mesma hora. E eram todos livres. E eles todos se faziam a mesma pergunta: o que há por trás daquela cortina?]
> Laurie Anderson

Quando Mariana Weickert, no auge de seu frescor, entra na passarela vestindo uma saia com forma de cabeça de urso [à esquerda], a reação do público é de surpresa, risos e aplausos. Naquele inverno de 2001, Marcelo Sommer forjava uma imagem histórica da moda brasileira.

Em apenas um *look* o estilista paulistano sintetizava não só o espírito daquela coleção como apresentava muitos dos principais elementos de toda a sua trajetória criativa. Inspirado no vestuário infantil, Sommer desfilava calças com abertura tipo macacão de bebê, motivos de laços, flores, corações e pijamas de pezinho. O feltro era o tecido predominante. A doçura e a delicadeza aveludada da infância eram dilaceradas por peças provocantes, como microssaias com sobreposição de camadas de tule colorido. As modelos usavam maria-chiquinhas, mas também levavam esmalte preto e lábios vermelhos para a passarela, tudo ao som misterioso de Laurie Anderson. Misturando o universo fabuloso das histórias infantis com a sensualidade juvenil de Lolita, Marcelo Sommer consolidava uma moda criada com as marcas da inocência e da perversão. As ousadias do estilista, seus ursos e maria-chiquinhas, não afugentaram a platéia. Sommer foi aplaudido de pé.

Aquelas palmas, e muitas outras que viriam depois, estavam intimamente ligadas ao passado. Não a um passado qualquer, mas ao do estilista. As fotos, roupas, recordações de infância são as principais matérias-primas de seu universo criador. As cores e estampas, Sommer sempre buscou em uniformes escolares, caixas de brinquedo e luzes de Natal que via com sua mãe quando pequeno. Os passeios em parques de diversão e o circo, por exemplo, são outros elementos caros à sua história de moda.

Seu apreço por essas referências aparece já em sua primeira coleção (inverno 1996), no Phytoervas Fashion, inspirada em roupas *vintage* escarafunchadas de brechós [à direita]. Amigos do estilista, como a cantora Geanine Marques, o chef Alex Atala e o diretor Jorge Espírito Santo, desfilam malhas "brecholentas" e calças "de tiozinho", usadas com cinto, em contraponto ao *look streetwear* proposto na época: camisas ou camisetas amplas, bermudões e tênis. Já nesse desfile, forte no vestuário masculino, aparecem o número 13, listras e bolas. Informais, os desfiles eram acompanhados por convidados sentados no chão, ao longo da passarela.

Durante alguns desfiles a tônica do estilista não mudou. Mas aos poucos seu trabalho de alfaiataria foi se aprimorando, com novos exercícios de modelagem para camisas, calças e boas idéias de saias masculinas.

Com *Fanfarra Havaí* (verão 1998), as mulheres passam a ter mais espaço nas coleções de Sommer. Os vestidos com comprimento abaixo do joelho, e o trabalho com anáguas [p. 35], começam a ganhar espaço, que seria ampliado na coleção seguinte. É no inverno de 1998 que o uso de símbolos de sorte, como o número treze, a figa, o trevo, a ferradura [p. 33], se solidifica como forte característica da marca e é também quando Marcelo dá um passo à frente na sua trajetória, com a criação de formas volumosas como as saias-bailarina [p. 16], que veríamos ainda por muitas estações.

6

6

6

6

O *look* trapezista-bailarina, imagem festiva, colorida, feminina e delicada, se tornaria uma marca profunda de uma fase do estilista. Saias armadas, sobrepostas por tule, e corpetes davam graça a suas bailarinas, doces, mas não ingênuas. Sommer admite que, por um tempo, ficou refém de suas próprias referências. Alguns ícones característicos de seu trabalho viraram uma espécie de fantasma e assombravam, ainda que a sua revelia, algumas de suas coleções.

Então, no verão 2001, ele decide se livrar de alguns desses espectros e deixa a estética *street-clubber* para investir com mais força na alfaiataria. Essa transição da brincadeira para uma moda mais adulta é o início de um processo de amadurecimento profissional. Podemos dizer que é o primeiro divisor de águas de sua trajetória. Suas coleções, até então marcadas pelo estilo *vintage*, pela cor, pela fantasia e pelo sonho, recebem desta vez, um balde de tinta azul. É o início da fase monocromática, que perdura pelos desfiles seguintes, *Urso* (inverno 2001) e *House barroco* (verão 2002). Com essa coleção retrô-futurista, de acabamento precioso, ele fecha a última edição do Morumbi Fashion e conquista a imprensa especializada definitivamente. Vão-se os excessos, mantém-se a essência. O xadrez, as bolas e as listras que desde o início o acompanham, estão lá, assim como o gosto pelo surrealismo, com a saia-bola de espuma estruturada, precursora da saia-urso. Pequenas delicadezas aparecem, como os vestidos feitos inteiramente em crochê, o mesmo das toalhas de cafezinho. Tudo em tons de azul, com os modelos flutuando levemente pela passarela, ao som do rei Roberto Carlos.

O desfile *Islândia* (inverno 2005), alguns anos mais tarde, foi um segundo divisor de águas na carreira de Sommer. Em sua vida pessoal, ele vivia o dilema de ter vendido sua marca a um grande grupo. Suas criações não chegavam às araras das lojas. O desfile, feito após uma viagem ao gélido país do norte europeu, traduziu o tédio, o isolamento e a melancolia daquele momento. Como numa peça de teatro, os modelos entravam um a um e interagiam entre si como se o tempo não passasse jamais. Uns bordavam, outros jogavam dardos. Arvorada em torno da idéia do conforto, a coleção, toda em tons de branco, trazia tecidos matelassados que lembravam edredons. "Roupas para quem gosta de abraçar e de ser abraçado", disse Sommer. Mais contido nos volumes, ele aposta em formas secas e retas e tem um ótimo desenvolvimento de alfaiataria. Quem não gostaria de usar o vestido longo, de botões, com o qual Luciana Curtis abriu o desfile? Para os homens, os paletós de lã, a calça saruel xadrez, as camisas *oversized*... Quem não gostaria de ser um daqueles personagens?

Tanto *Azul* quanto *Islândia* [à direita] são marcos importantes na carreira de Sommer, pois não apenas a parte técnica se mostra mais aprimorada. O estilista também se desenvolve como criador. Exercita o desapego de referências já dominadas para renovar seu repertório e a si mesmo. O Peter Pan da moda brasileira deixava claro que tinha crescido.

O FUTURO E O PASSADO

Sommer entrou na moda pelas portas dos fundos quando arrumou, ainda menino, um emprego de *office boy* na Maison Joalheiros. Sem planejar, passou por outras marcas como vendedor, e, logo, virou assistente de estilo. Conheceu gente importante, fez sua primeira viagem para fora do Brasil. Quando finalmente chegou no estágio de abrir sua própria grife, olhou para o passado à procura de referências para viver o presente. Ainda hoje é assim. Transforma memórias em tramas e texturas. Busca na família e na infância recursos para criar, provocar e emocionar.

Os desfiles de Marcelo, os que fez para a marca Sommer e os que faz para a sua grife Do Estilista, criada em 2007, exercem um claro domínio sobre o público, que nitidamente não se furta a embarcar em suas viagens, por mais distantes ou malucas que sejam. Sommer não sucumbe aos modismos passageiros e, algumas vezes, antecipa tendências futuras da moda.

No desfile *Chuva* (inverno 2006) [à esquerda], Marcelo adianta a forma "balonê", um ano antes de voltar a estourar na moda. A estação pedia peças mais justas, cinturas elevadas, comprimentos curtos e corpos esbeltos; havia também uma atmosfera fetichista em torno do retorno do couro em jaquetas e vestidos *supersexy*. Para algumas pessoas, de nada servem as tendências e Sommer passou longe dessa imagem com seus vestidos e saias balonês, levemente bufantes e arredondadas. Outras peças de proporções amplas trabalhavam muito com a questão do conforto. Vimos na passarela as roupas que queremos ter à mão quando estamos sozinhos em casa, quando está frio ou chovendo, quando estamos tristes ou só desfrutando do silêncio.

Para esse desfile, o diretor teatral Alberto Renault criou um cenário ambicioso, de difícil execução. Fez trovoar e chover, até que os modelos ficassem literalmente ensopados. Mais uma vez, Sommer contava uma história para uma platéia àvida por novas sensações na moda.

DEEPER UNDERGROUND

A noite é um mar aberto de referências e inspirações para o mercado de moda. Em países como a Inglaterra, de cena noturna fervilhante, a cultura *underground* é respeitada, forte e consumida. Muitos designers britânicos são figuras-chave da noite e transitam livremente entre clubes e passarelas. As loucuras vividas nas pistas e os encontros com

personagens únicos rendem boas coleções. O estilista Gareth Pugh, por exemplo, é freqüentador de lugares alternativos que instigam a "montação", a criatividade na hora de se vestir. Seu primeiro desfile foi num desses lugares, o CashPoint, em meio a bêbados e *strippers*. Fazer parte da cultura dos clubes é estar um passo à frente da moda e, por um tempo, fora de moda, até que se compreendam seus signos.

Sommer faz parte da cultura *underground* de São Paulo. Numa relação criador e criatura, usou a noite e toda sua riqueza de elementos em muitos de seus desfiles. Em contrapartida, suas figuras mais ilustres exibiam-se na passarela, mostrando ao público como se vestiam, como se comportavam, como dançavam, como andavam. *Dreads* e *black power* tomavam o lugar dos delicados cabelos das modelos. O trabalho dos DJS que faziam as trilhas também era divulgado e apresentado a um público maior.

Em 1995, o Mercado Mundo Mix se torna a principal voz da moda alternativa. Antes dele, o ponto de encontro da turma era nos clubes noturnos. Quando abre suas portas, o MMM passa a ser uma nova referência, de dia, e uma extensão das pistas de dança (literalmente, já que muita gente ia direto da noitada trabalhar). Lá rolava a mesma atmosfera borbulhante dos clubes. A moda independente se unia e crescia. Estavam lá as marcas que vestiam o povo para dançar: Slam, Escola de Divinos e A Mulher do Padre, só para citar algumas. Os *stands* aproximavam clãs e serviam de passarela para personagens únicos, estranhos e engraçados, que circulavam no local. Cativado pela atmosfera familiar e de congregação, Sommer vê no MMM uma opção viável para iniciar o seu próprio negócio. Ali, naquele galpão do extinto Cine Clube Elétrico, na rua Augusta, começa a sua história na moda.

"Roupas de tiozinho de padaria." É assim que ele descreve suas primeiras criações. De olho no estilo retrô, Marcelo produziu 80 camise-

tas pólo para sua estréia no Mundo Mix. Vendeu todas. Dar nova cara a uma peça clássica e unissex é a sua primeira boa jogada em vôo solo e ele saiu daquele fim-de-semana com um bolo de dinheiro no bolso.

A partir de seu primeiro desfile, no Phytoervas Fashion, em 1996, seus amigos são os escolhidos para representar sua marca, em uma reunião de lindas *hostess*, DJs badalados, artistas de vanguarda e freqüentadores da "cena". Aliás, uma das peculiaridades dos não-modelos é que eles encaram a caminhada na passarela de outra maneira. Com um sorriso no rosto, percebem o público ao redor, coisa que se perdeu sem data certa para voltar.

UMA NOVA FAMÍLIA

Ainda em 1995, a noite de São Paulo ganha seu primeiro *after-hours*, o lendário Hell's Club, um movimento novo e refrescante, que agrega diversas tribos e culturas musicais debaixo do mesmo guarda-chuva. O "inferninho", que funcionava no porão do extinto Columbia, foi palco de momentos de loucura, viagens psicodélicas e célebres batidas policiais. Sua pista de dança mistura meninas lindas, *drag queens*, gays musculosos e a nata da moda alternativa e da música eletrônica, numa experiência hipnótica, e um prato cheio para as mentes criativas que freqüentam o lugar, inclusive Sommer, que descobre, na noite paulistana, uma fonte inesgotável de novas idéias.

O ápice deste momento *clubber* é o desfile *Pelúcia* (inverno 1999), com personalidades da noite paulistana, como o performer Kaká Trash, a *hostess* Adriana Recchi e o produtor Renato Cohen na passarela. Nessa fase Marcelo havia trocado o porão da rua Estados Unidos pelo clube Lov.e, mais colorido, acolhedor e lúdico que o Hell's. E essas características transpareciam em sua coleção. *Pelúcia* também

investia no culto ao DJ. Durante o desfile, Lilian Mitiko, George Actv e Luís Pareto revezavam-se nas *pickups* tocando os hinos da *tech-house* daquela época. As músicas misturavam uma batida dançante com melodias hipnotizantes.

Apesar de Sommer ser um habitué do universo lúdico, esse foi o desfile que trabalhou essa imagem de maneira mais enérgica. O uso da pelúcia e a estampa de dálmata juntaram-se às orelhas de coelho e à maquiagem de gato em uma coleção muito alegre, com roupas de festa criadas para vestir *clubbers*. Até então, roupa de festa significava "vestido preto". As peças, especialmente as femininas, trazem para a passarela a moda das pistas de dança, como os casacos de pelúcia colorida e de onça. As formas são experimentais. Na trajetória de Sommer é o apogeu da saia-bailarina, bem curtinha, usada com corpete estruturado, uma releitura do que as meninas mais descoladas da noite gostavam de usar. Enquanto isso, os meninos andavam em saias longas e ternos multicoloridos, o xadrez invadia a passarela e o trabalho em tricô estava cada vez mais desenvolto.

A sensação de fazer parte de uma grande família, que se encontra apenas para viver bons momentos, continuou a inspirar o estilista por mais algumas coleções.

Enquanto em São Paulo ouvia-se *techno*, no Rio os cariocas gostavam de *house*, estilo de música eletrônica que privilegia o sentimento. Sommer começa a frequentar as festas e os *chill outs* e intriga-se com as meninas tatuadas e ornamentadas, dançando de maneira estranhamente provocativa. Expressa a cena noturna carioca na estação seguinte, em seu desfile *House barroco* (verão 2002), com trilha sonora de Felipe Venancio, um dos principais divulgadores da *house music* no Brasil. Foi sua terceira coleção monocromática, inteira em tons de verde. A estética do excesso responde pelo lado barroco da inspiração. O melhor momento do desfile (e apogeu de seu momento *kitsch*) é o cinto com cabeça de unicórnio, usado pela modelo e agora figurinista Lara Gerin [p. 24]. Os vestidos são mais limpos e femininos, trabalhados em rendas francesas e tricôs de fio de seda. É também nesta coleção que ele aposta em seu trabalho de alfaiataria, com desdobramentos do *smoking* e do fraque. Globos de espelho viram bolsas e enfeitam os sapatos [p. 91]. A brincadeira entre a música *house* e o barroco também está no cenário, que traduz o título de forma clara e divertida. Portões góticos de neon e bosques com pinheiros de espelho [p. 55].

A DIFUSÃO DO *STREETWEAR*

O *streetwear*, inspirado pela cultura urbana, é um fenômeno difundido não só por estilistas, mas por uma engrenagem formada por jornalistas, fotógrafos, editores e agências de criação. O estilo começou como um movimento artístico e social antes de virar uma grande febre de consumo.

A moda sempre foi excludente, desde quando a nobreza ditava tendências. A partir dos anos 1950, a maneira de se vestir passou a estar mais diretamente vinculada com as mudanças de comportamento e transformações sociais. Movimentos sociais importantes, e não elitistas, como o Beatnik (1950), o Hippie (1960), o Punk (1970) e o Wigger ("white nigger", 1980 e 1990) levaram a moda das ruas ao topo da pirâmide fashion. "Peças de resistência", como a calça jeans e a jaqueta de couro, tornam-se objetos de desejo e passam a pipocar nas passarelas. "Dress down" se tornou tendência e regra.

Ao reler os elementos básicos do *streetwear*, Sommer cria novas propostas de roupa para encarar o dia-a-dia. E em tempos de combate,

CARGA E
DESCARGA

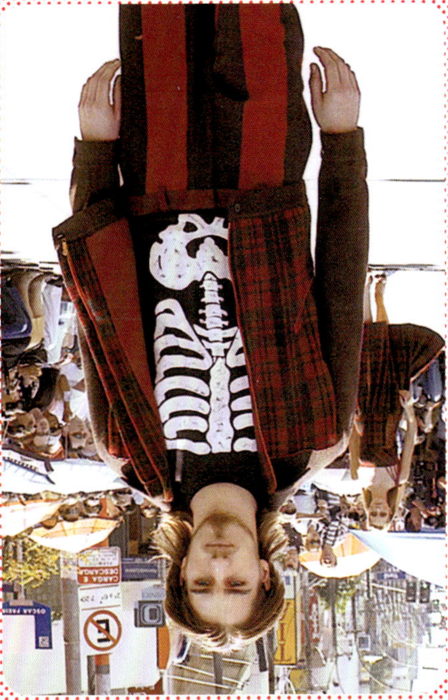

CARGA E
DESCARGA

CARGA E
DESCARGA

precisamos de roupas confortáveis, acolhedoras, práticas e, por que não, belas. E as peças criadas pelo estilista são singulares, por serem fruto de seus momentos íntimos e lembranças remotas; misturam a moda de rua a símbolos do universo pop e à alfaiataria, suas outras armas de criação. Costuram o clássico e o contemporâneo.

É com essa trama, fiada por memórias afetivas, viagens, relacionamentos e infância, que o estilista desenvolve seu circo. Não o circo místico e maravilhoso de Edu Lobo e Chico Buarque, o circo lírico, onírico e absurdo de Marcelo Sommer.

UNIVERSO PARTICULAR

Quando fala sobre seu processo criativo, Sommer brinca que nunca teve problemas de falta de idéias, só excesso. Caminha entre o *kitsch* e o moderno, o autoral e o comercial, a melancolia e a alegria, buscando sempre renovar seu próprio estilo. Tímido e emotivo, ele gosta de ouvir músicas tristes. Quando viaja para sua casa de praia, gosta de se acomodar num sofá e ouvir CDs de bandas como Sigur Ros, Radiohead e Portishead, conhecidas por suas letras e melodias melancólicas.

Entre seus lugares favoritos estão os parques de diversão e as feiras de antiguidades. Não importa onde esteja — Moscou, Rio, Tóquio — ele nunca deixa de visitar *playgrounds*. Volta sempre de viagem carregado de quinquilharias, dos mercados de rua, brechós, lojas de *souvenir*.

Numa caixa de papelão sempre à mão, guarda referências preciosas, às quais sempre retorna. São máscaras de palhaço, luvas de jardinagem floridas, caixas de fósforo, papel de presente dos tempos da vovozinha, bordados de flores coreanos, latas de bala, *flyers* de festas, embalagens de cigarro.

Essa mistura sem nexo de elementos distintos faz parte de sua identidade de estilo assim como a combinação única de cores, estampas, padronagens e texturas. A roupa de Sommer traduz algumas de suas crenças, alegrias e amuletos. E com qual sensibilidade ele transforma esse universo particular, improvável, em coleções que vêm marcando a nossa moda.

Sem querer e nem saber, Sommer antecipa uma das maiores tendências de sua época: a volta dos aspectos mais humanos e pessoais, o esgotamento da frivolidade e a desvalorização do inacessível. Seu universo resgata em todos nós lembranças de conforto emocional perdidas no tempo. Não se trata de profetizar o fim do *hype*, mas sim de colocá-lo em seu devido lugar. Longe do "teatro mágico", de Hermann Hesse, do estilista e de todos nós.

O número 13, o diamante, a figa, o olho e o trevo são fortes símbolos para este supersticioso estilista. A modelo Luciana Curtis também funciona como elemento de boa sorte: nenhum desfile acontece sem ela [p. 103].

lucky

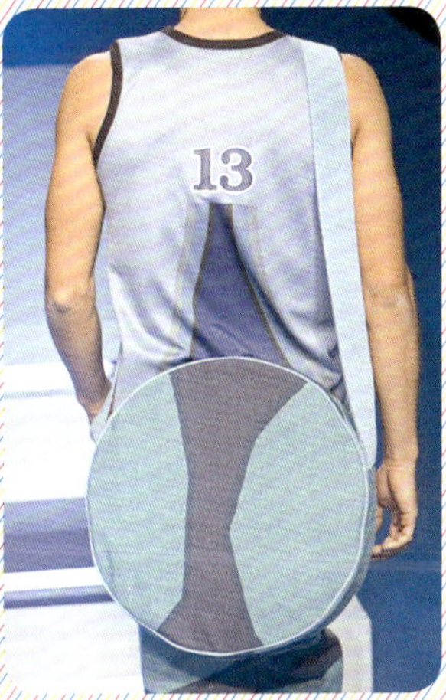
13

13

Ao longo de mais de dez anos de carreira, Marcelo desenhou diversas ilustrações para as assinaturas das marcas Sommer, Oliveira Lar e Do Estilista. Distintas, mas sempre com elementos recorrentes em seu trabalho, como jogos, rótulos antigos e distintivos, as marcas aparecem em roupas, etiquetas, acessórios e na programação visual de suas lojas e desfiles.

M

SOMMER

Sommer

MS
MARCELO SOMMER

Além de enriquecer as peças, os bordados agregam informação de moda de maneira única e preciosa. Este delicado trabalho manual é muitas vezes confeccionado por bordadeiras de comunidades carentes, como a da favela da Rocinha.

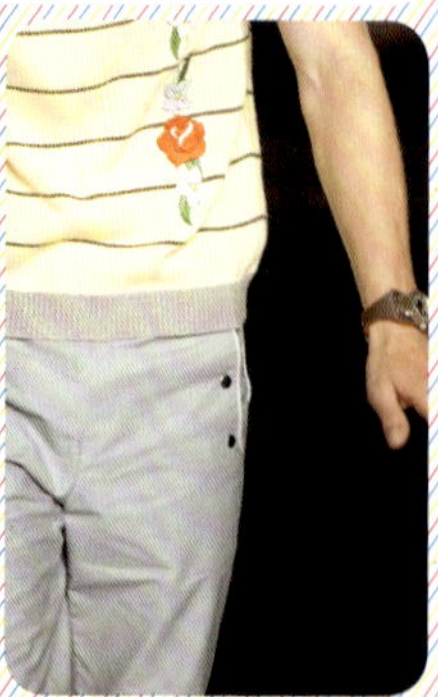

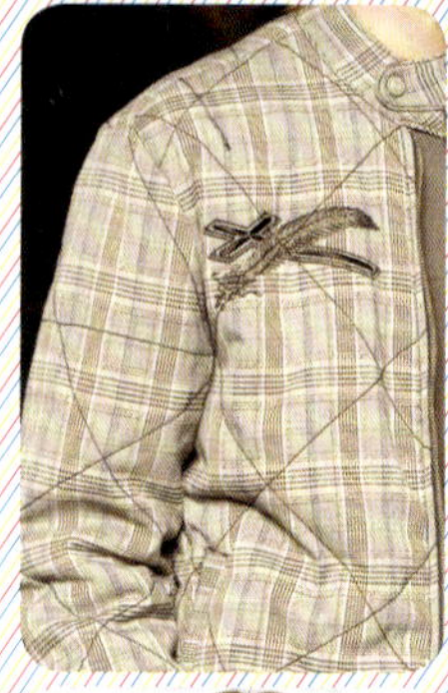

13

Emblemas usados antigamente por famílias importantes ou para sinalizar *status* viram complementos bordados ou estampados em jaquetas, malhas e acessórios.

SPACE PATROL
P.D.
CACARECO
CAMPEÃO
Cragstan
TELLY BAR

Sommer é um grande colecionador. Os brinquedos antigos de lata, que garimpa em feiras e viagens, enfeitam suas lojas, sua casa e ilustram roupas, um ótimo exemplo de como ele se apropria de suas memórias afetivas.

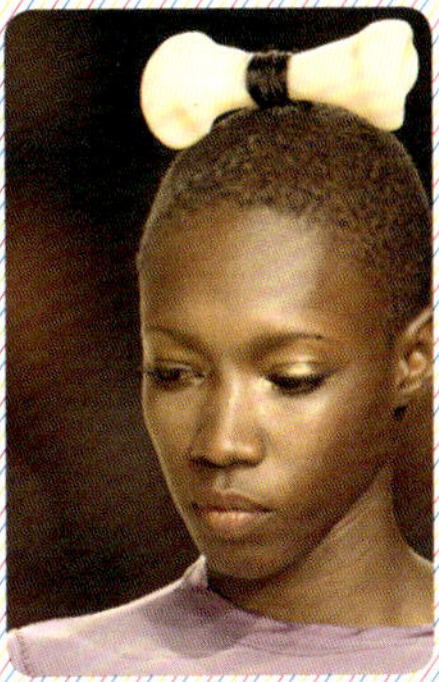

VOCÊ
tem um dever a
CUMPRIR
Consulte
M.M.D.C.
a sua consciencia!

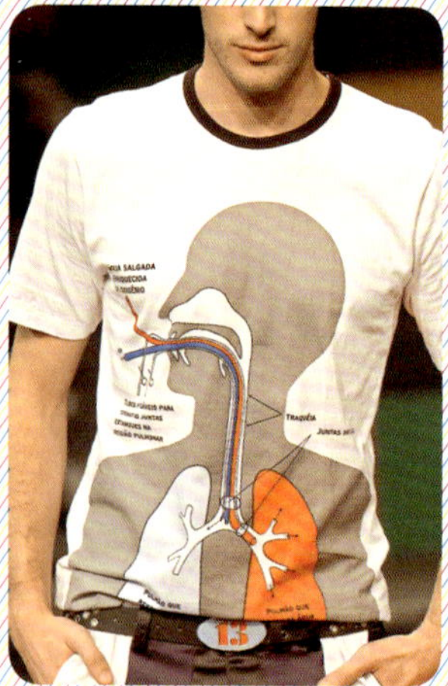

Constituição

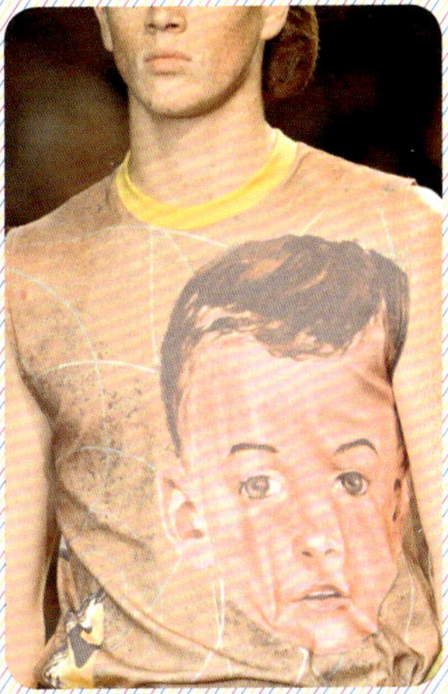

ELLES ESTÃO A
SUA ESPERA
PARA COMPLETAR
O BATALHÃO
ALISTE-SE
M.M.D.C.

S.PAULO VENCEU!

SOMMER
INVERNO 2003

SOMMER
Inverno/97
•Rua Haddock Lobo, 932 A - Fone: (011) 852 7971•
•São Paulo - Brasil•

SOMMER
R. HADDOCK LOBO 932A (011) 852 7971

SOMMER
a Haddock Lobo, 932-A
rdins - São Paulo - Brasil
e: (011) 852 7971

Nas campanhas, Sommer reforça o ambiente das estampas, marcas, lojas e dos desfiles. Ao explorar os mesmos símbolos, ainda que bastante variados, como paisagens, santos, brasões, jogos e brinquedos, ele criou uma iconografia própria e uma marca forte.

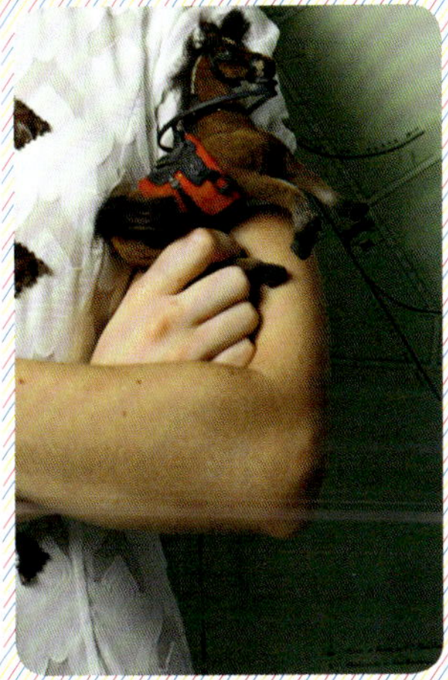

O primeiro cenário foi uma paisagem pintada à mão pelo artista Karl Esser [p. 119], no desfile de inverno 1998, quarta edição do Morumbi Fashion. A partir de 1999, Marcelo mantém uma parceria com o cenógrafo Pier Balestrieri, responsável por muitos cenários criativos e divertidos que pontuam a carreira do estilista. Entre os mais marcantes estão o desfile *Cocktail dry*, com um delicioso escorregador na passarela, verão 2004; o da rua Augusta, ao ar livre, inverno 2004 [p. 27]; *Islândia*, inverno 2005, bem teatral, com direção de arte de Alberto Renault, em que o cenário consistia numa enorme caixa de madeira clara por onde os modelos perambulavam, demonstrando tédio e melancolia próprios de um longo inverno [p. 57]; e o desfile *Chuva*, inverno 2006, em que Pier fez chover e trovoar na passarela até as modelos ficarem literalmente ensopadas [p. 113]. O clima *dark* simbolizava a fase difícil e melancólica pela qual passava o estilista.

Em paralelo à sua marca própria, Marcelo é constantemente convidado por outras empresas a exercer o cargo de diretor criativo. Já trabalhou para Zapping, C&A, TNG e para a grife Cavalera.

11

Sommer trabalhou durante um ano como editor de moda na *Trip*, em 1997. Produziu 12 editoriais para a revista. Fiel a seu estilo urbano e comportamental e com roupas de marcas de *surf* e *street*, como Hangloose, Cavalera e OP. Eventualmente produz editoriais com peças de acervo. Fez ensaios na Galeria do Rock, em São Paulo, na praia de Ipanema, no Rio, em Nova York e na sua casa. Trabalhou também para as revistas *Speed* e *Mercado Mundo Mix*.

FRAN
CHAMPS
1991

CHAMPS
1991

Giant Tree

Giant Tree

A cada temporada, uma enxurrada de novas estampas invade a passarela de Marcelo Sommer. A estamparia é uma forte característica de seu trabalho e colore calças, saias, vestidos, bermudas, jaquetas, malhas, coletes e o que mais ele criar. Os motivos são variados, porém fiéis a sua estética peculiar. Espere sempre desenhos de brinquedos [p. 43], paisagens [p. 119] e seus inseparáveis signos da sorte [p. 33].

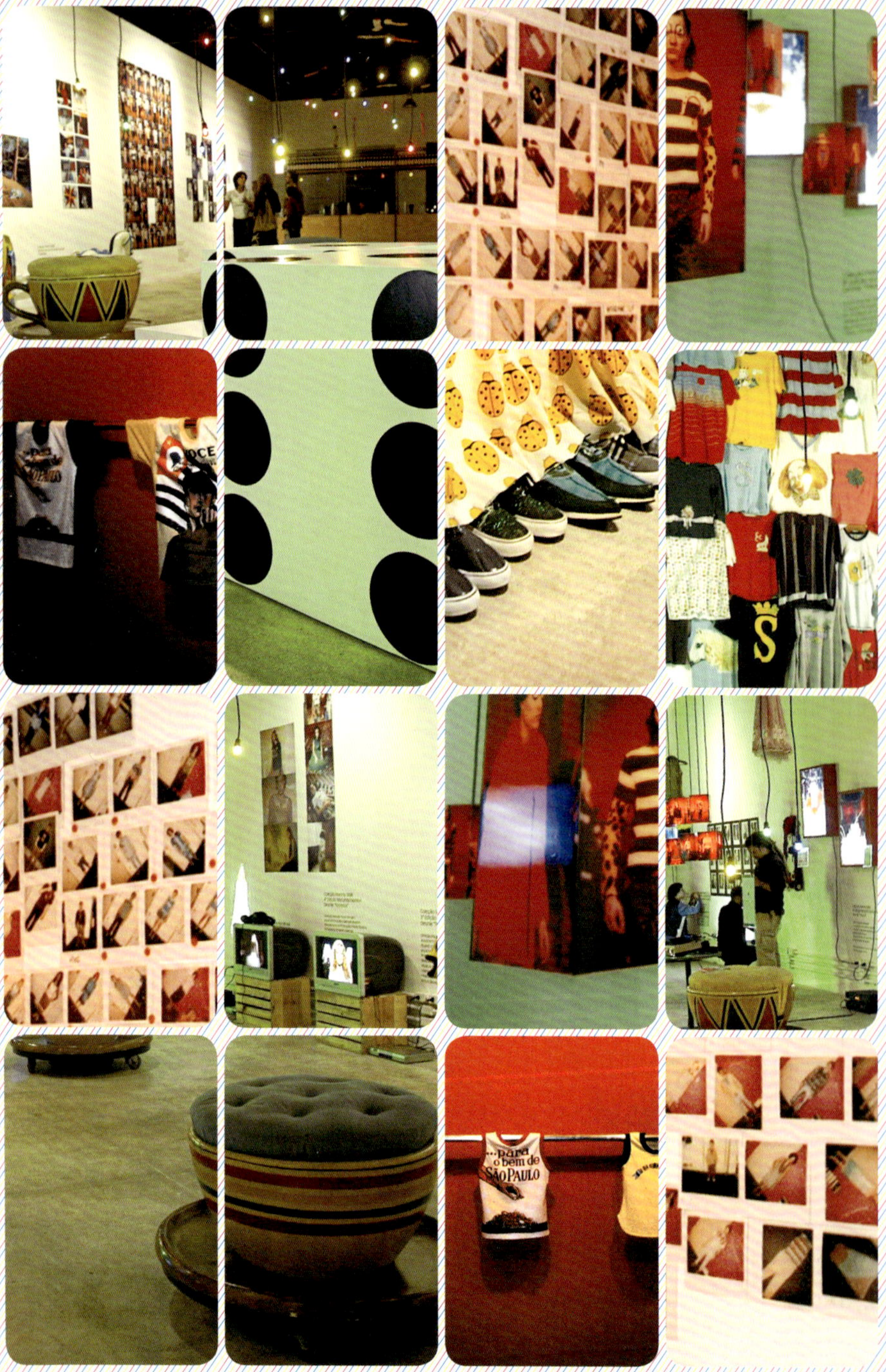
...para o bem de SÃO PAULO

Em 2006, Marcelo montou a exposição *A casa maluca do estilista Marcelo Sommer*, ocupando o galpão da House of Erik!a Palomino. Um passeio por seu universo, através de fotos antigas, objetos pessoais, vídeos, instalações e uma performance em que as modelos exibiam as roupas mais marcantes de uma década de trabalho. Bem antes disso, em 2000, Marcelo participou da exposição *Revolução de 32*, no MAM de São Paulo, com as camisetas da coleção *Azul*, verão 2001, com curadoria de Ricardo Resende e fotos de Rochelle Costi.

24.06-16.10
what
looks
today
LOOK
GOOD

compre
aqui
LÂMPADAS PHILIPS

Mais um tema das memórias infantis no trabalho de Sommer. No desfile do Carandiru, travestis presidiários desfilaram fantasiados de noiva, *cowgirl*, *cheerleader* e camponesa pop [p. 151]. Saia-bailarina, tênis de palhaço, muitas de suas peças têm elementos do País das Maravilhas. Misturou fantasias e roupas normais num editorial fotografado por Rochelle Costi. Uma semana antes da inauguração de sua loja, na rua Augusta, fez uma festa à fantasia para "gastar" o ambiente e a loja não abrir as portas com cara de nova.

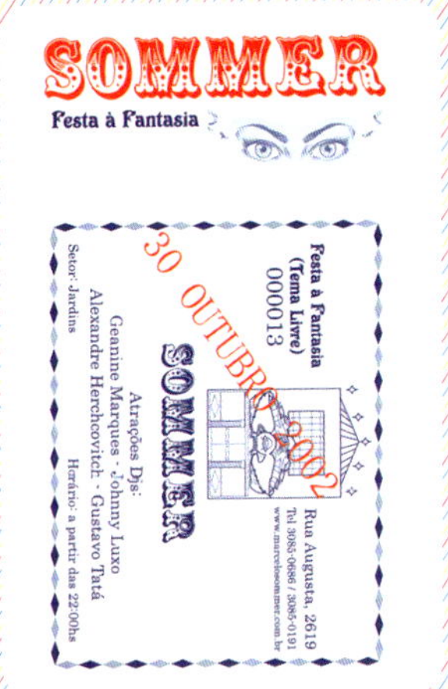
SOMMER
Festa à Fantasia
Festa à Fantasia
(Tema Livre)
000013
30 OUTUBRO 2002
SOMMER
Rua Augusta, 2619
Tel 3085-0686 / 3085-0191
www.marcelosommer.com.br
Atrações Djs:
Geanine Marques - Johnny Luxo
Alexandre Herchcovitch - Gustavo Tatá
Horário: a partir das 22:00hs
Setor: Jardins

SOMMER
Festa à Fantasia
Festa à Fantasia
(Tema Livre)
000013
30 OUTUBRO 2002
SOMMER
Rua Augusta, 2619
Tel 3085-0686 / 3085-0191
www.marcelosommer.com.br
Atrações Djs:
Geanine Marques - Johnny Luxo
Alexandre Herchcovitch - Gustavo Tatá
Horário: a partir das 22:00hs
Setor: Jardins

SOMMER
Festa à Fantasia
Festa à Fantasia
(Tema Livre)
000013
30 OUTUBRO 2002
SOMMER
Rua Augusta, 2619
Tel 3085-0686 / 3085-0191
www.marcelosommer.com.br
Atrações Djs:
Geanine Marques - Johnny Luxo
Alexandre Herchcovitch - Gustavo Tatá
Horário: a partir das 22:00hs
Setor: Jardins

SOMMER
Festa à Fantasia
Festa à Fantasia
(Tema Livre)
000013
30 OUTUBRO 2002
SOMMER
Rua Augusta, 2619
Tel 3085-0686 / 3085-0191
www.marcelosommer.com.br
Atrações Djs:
Geanine Marques - Johnny Luxo
Alexandre Herchcovitch - Gustavo Tatá
Horário: a partir das 22:00hs
Setor: Jardins

SOMMER
Festa à Fantasia
Festa à Fantasia
(Tema Livre)
000013
30 OUTUBRO 2002
SOMMER
Rua Augusta, 2619
Tel 3085-0686 / 3085-0191
www.marcelosommer.com.br
Atrações Djs:
Geanine Marques - Johnny Luxo
Alexandre Herchcovitch - Gustavo Tatá
Horário: a partir das 22:00hs
Setor: Jardins

SOMMER
Festa à Fantasia
Festa à Fantasia
(Tema Livre)
000013
30 OUTUBRO 2002
SOMMER
Rua Augusta, 2619
Tel 3085-0686 / 3085-0191
www.marcelosommer.com.br
Atrações Djs:
Geanine Marques - Johnny Luxo
Alexandre Herchcovitch - Gustavo Tatá
Horário: a partir das 22:00hs
Setor: Jardins

SOMMER
Festa à Fantasia
Festa à Fantasia
(Tema Livre)
000013
30 OUTUBRO 2002
SOMMER
Rua Augusta, 2619
Tel 3085-0686 / 3085-0191
www.marcelosommer.com.br
Atrações Djs:
Geanine Marques - Johnny Luxo
Alexandre Herchcovitch - Gustavo Tatá
Horário: a partir das 22:00hs
Setor: Jardins

SOMMER
Festa à Fantasia
Festa à Fantasia
(Tema Livre)
000013
30 OUTUBRO 2002
SOMMER
Rua Augusta, 2619
Tel 3085-0686 / 3085-0191
www.marcelosommer.com.br
Atrações Djs:
Geanine Marques - Johnny Luxo
Alexandre Herchcovitch - Gustavo Tatá
Horário: a partir das 22:00hs
Setor: Jardins

LOUISIANA IRIS

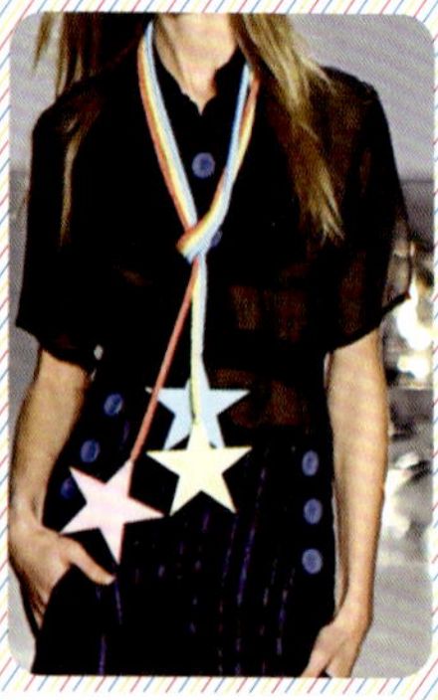

Desde o começo da carreira, Marcelo vem reforçando sua "coleção" de ícones, como dados, âncoras, corações, coqueiros e estrelas. Imagens de um universo diferente, mas complementares aos amuletos, são trabalhadas da mesma forma, reproduzidas em suportes variados, em estampas e nas lojas.

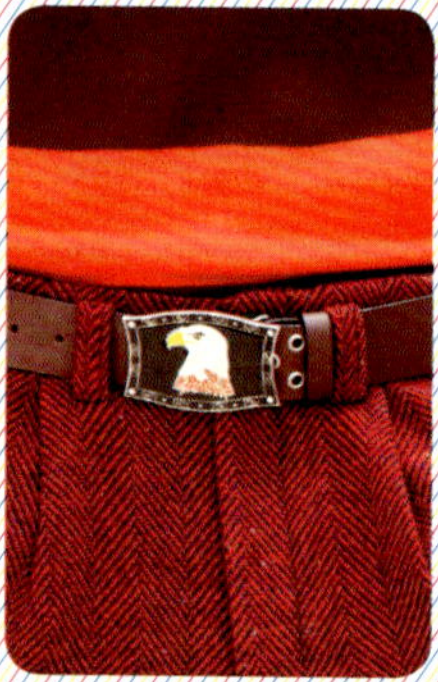

ÍCONE

L

LAÇO

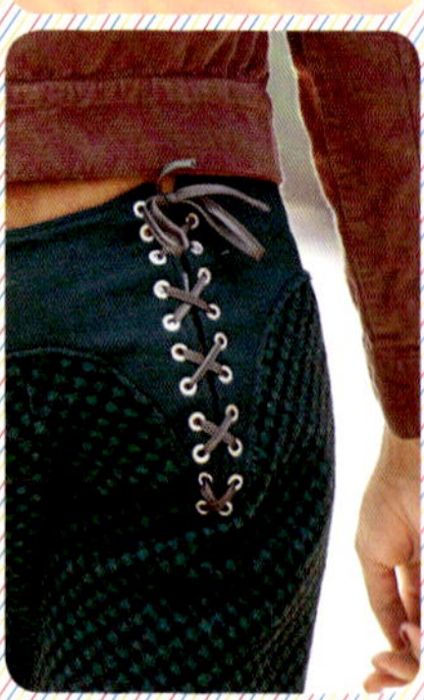

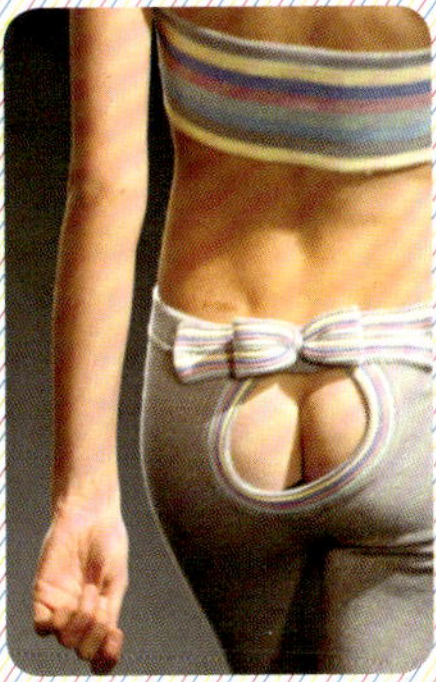

As lojas têm tanto impacto quanto as coleções. Sempre projetadas de acordo com o universo do estilista, elas são verdadeiros parques de diversões para adultos. A primeira foi na rua Haddock Lobo. Em seguida veio a da galeria Ouro Fino, em que dividia o espaço com Alexandre Herchcovitch. Posteriormente teve duas lojas projetadas pelo arquiteto Marcelo Rosenbaum: a Gênesis, toda vermelha, no shopping Villa-Lobos, e a Balneário, inteira verde, na alameda Tietê. Logo depois abriu a loja da rua Augusta, decorada por Fernando, irmão de Sommer, com garimpagem de brinquedos usados de circo, porta giratória, lixão de palhaço e um imenso espelho pintado à mão no provador. Após a venda da marca Sommer, Marcelo abriu a loja Do Estilista, na alameda Franca, em um espaço menor, porém não menos charmoso e divertido.

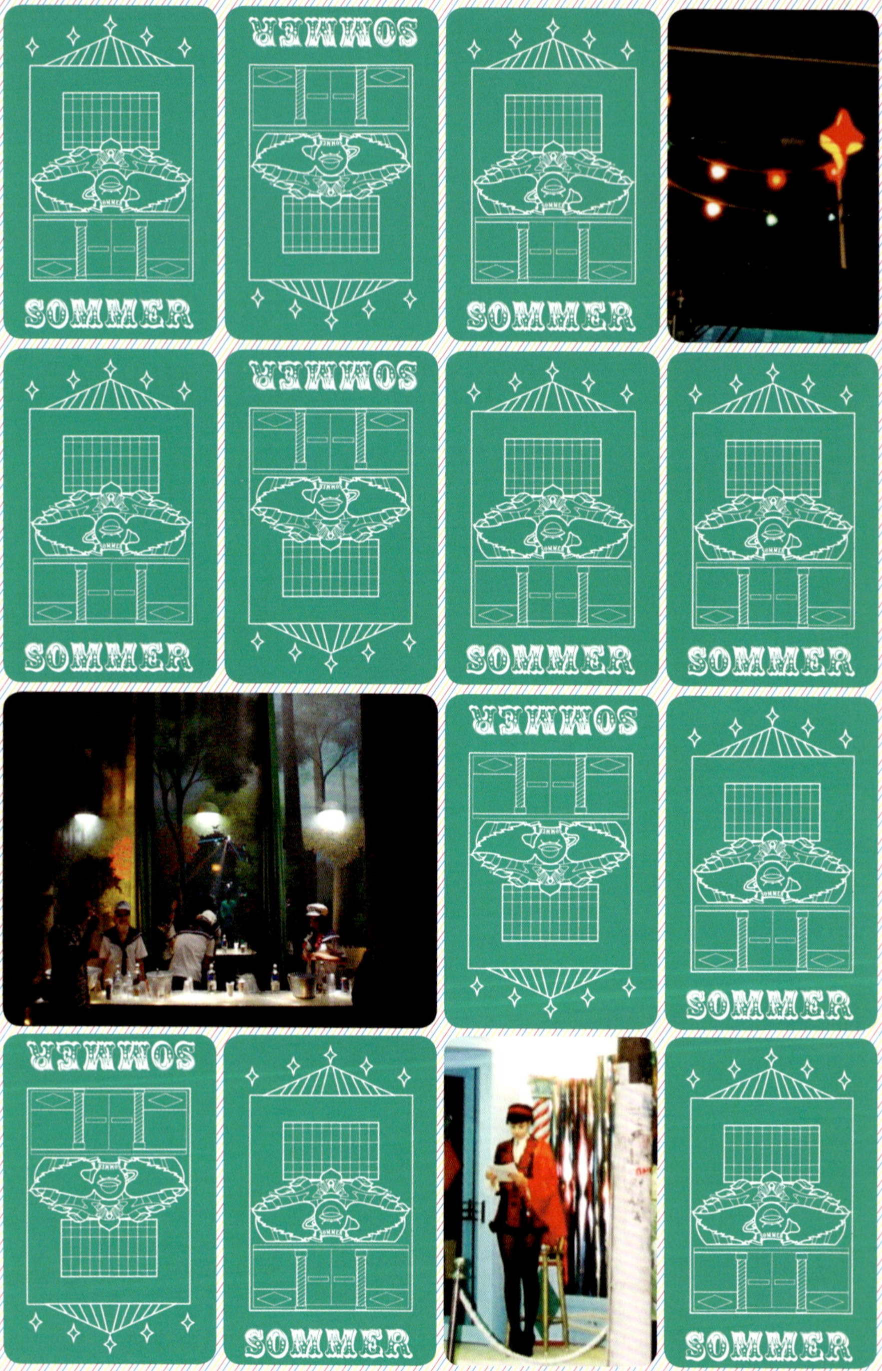
SOMMER
SOMMER
SOMMER
SOMMER
SOMMER
SOMMER
SOMMER
SOMMER
SOMMER
SOMMER
SOMMER
SOMMER

SOMMER
SOMMER
SOMMER

A linda morena de olhos verdes, que despontou na moda em 1991, é musa e melhor amiga de Sommer. Luciana vem de onde estiver para desfilar, veste sempre os melhores *looks* e é dona do papel mais cobiçado do desfile: entrar de mãos dadas com o estilista ao final da apresentação.

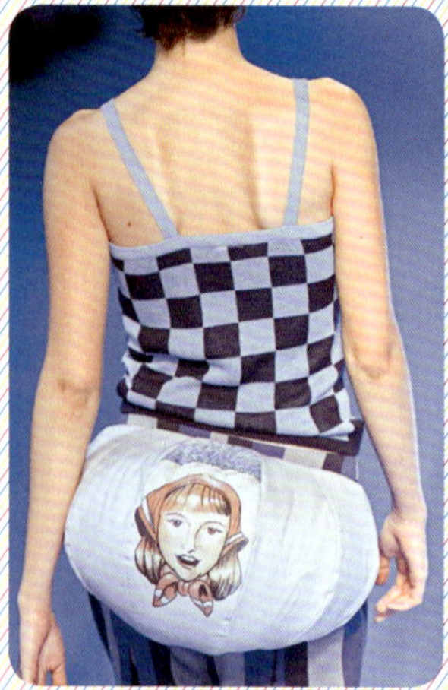

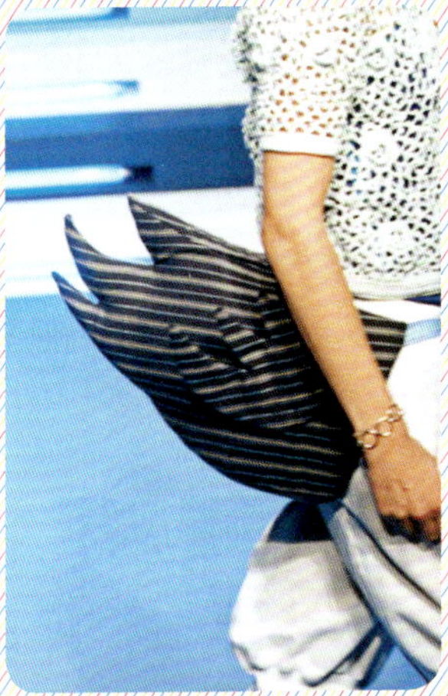

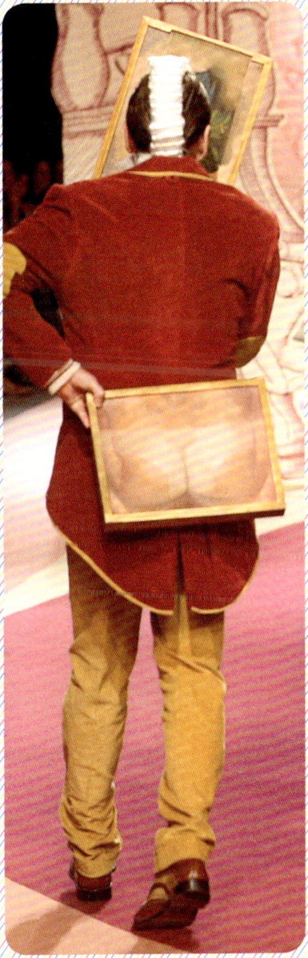

Sommer transporta sua memória afetiva para seu trabalho. Lembranças da infância, dos parques de diversões, do circo e das decorações de Natal aparecem nas formas e estampas com motivos infantis.

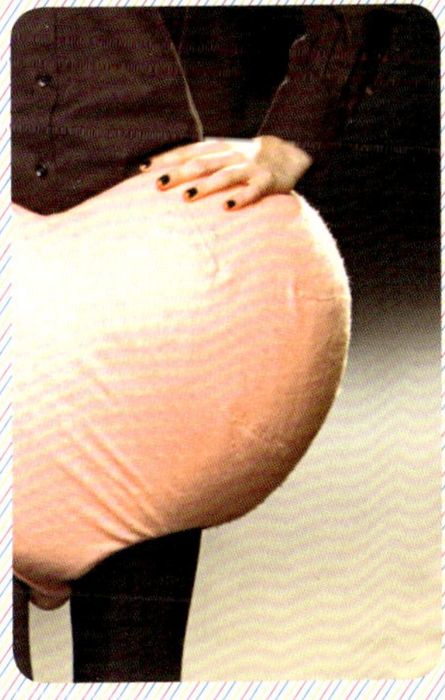

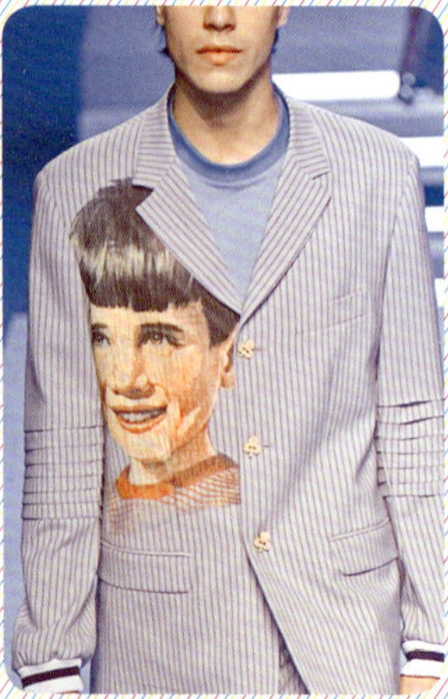

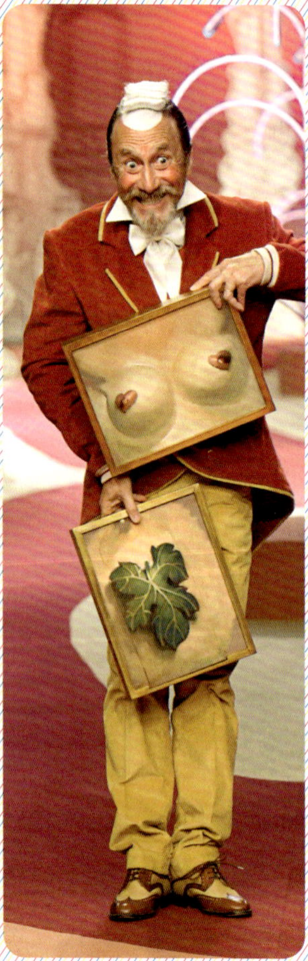

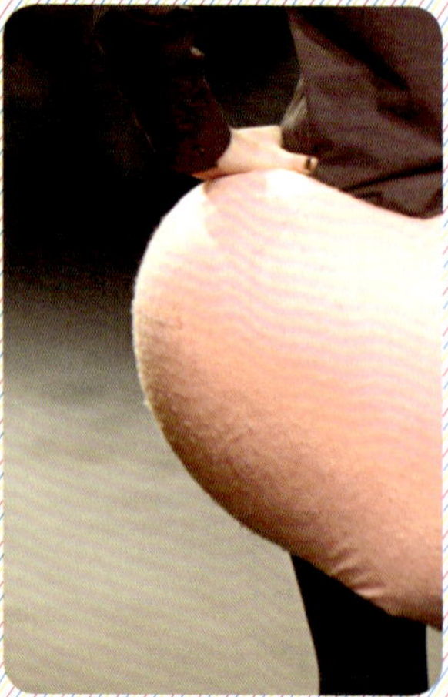

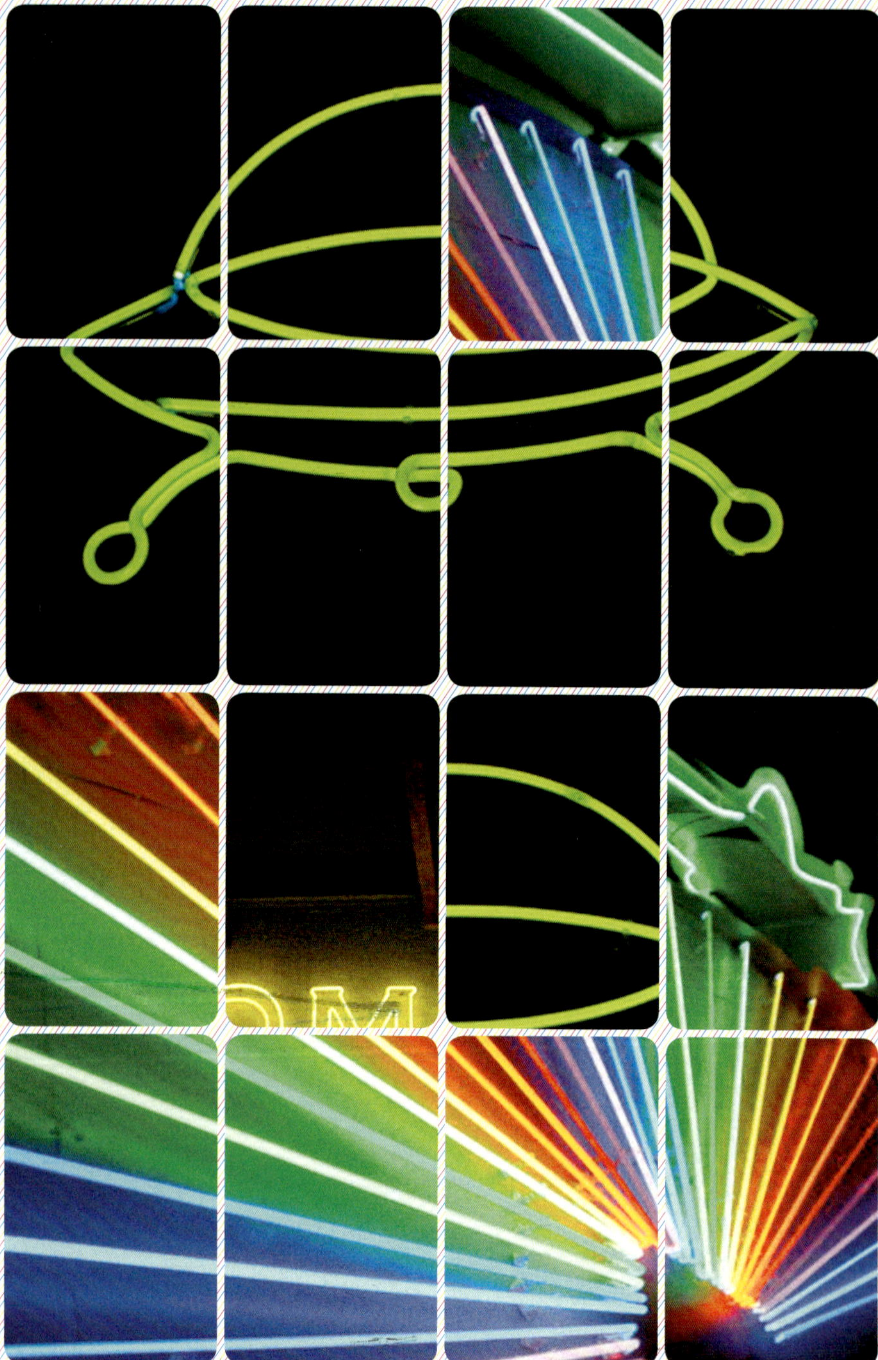

Marca de artigos para casa criada em 2006 que leva seu nome do meio (Oliveira). Estampas de cortinas e bandejas antigas já ilustraram as roupas da marca, portanto explorar esse mercado foi um passo natural. Cinzeiros, xícaras, almofadas e papéis de parede trazem a linguagem *kitsch*, com suas cabeças de alce e ícones, que pontuam a trajetória da grife.

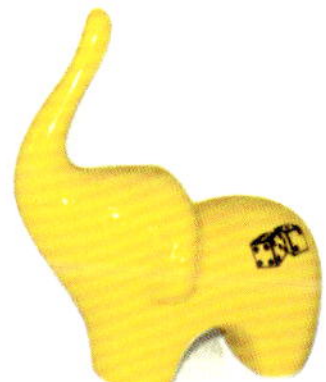

Paisagens dos mais variados tipos, como esta, desenhada por Karl Esser, aparecem em roupas, cenários e lojas. Bordadas, estampadas ou desenhadas à mão, as imagens, como as de montanhas, pinheirinhos e céu azul, trazem doçura ao guarda-roupa contemporâneo.

REFLEXO

R

SANTO EXPEDITO
HODIE
Reprodução Proibida
CRAS
SANTO EXPEDITO
ORAÇÃO AO PODEROSO
SANTO EXPEDITO
"O SANTO DAS CAUSAS URGENTES"
COMUNIDADE DE SANTO EXPEDITO
Conheça a Capela da R. Quedas, 564
Próx. Est. Metrô Parada Inglesa
Oração a Santo Expedito
Ó Deus, que a intercessão de Santo Expedito, nos recomende junto à Vossa divina bondade, a fim de que, pelo seu auxílio, possamos obter aquilo que nossos fracos méritos não podem alcançar.
Nós Vos pedimos, Senhor, que orienteis, com a Vossa graça, todos os nossos pensamentos, palavras e ações, para que possamos, com coragem, fidelidade e prontidão, em tempo próprio e favorável, levar a bom termo todos os nossos compromissos e alcançarmos a feliz conclusão dos nossos planos.
Por Nosso Senhor Jesus Cristo. Assim seja!
SÚPLICA — Ó Santo Expedito! Animados pelo conhecimento de que foram prontamente atendidos todos aqueles que Vos invocaram à última hora, para negócios urgentes, nós vos suplicamos, que nos obtenhais da bondosa misericórdia de Deus, por intercessão de Maria Imaculada (hoje ou em tal dia), a graça de que, com toda submissão, solicitamos da vontade divina.
Padre Nosso, Ave Maria e Glória Patri.
Hoje mando imprimir um milheiro desta oração em ação de graças por um grande benefício recebido.
Impresso por COPIADORA EXACTA LTDA.
Tels.: (011) 573-6006 - Fax: (011) 574-1217
R. Dr. Neto de Araújo, 162 - Vila Mariana
TERÇO MILAGROSO A SANTO EXPEDITO
Para quando só um Milagre Urgente resolverá o seu problema!
Festa: 19 de Abril. Comemora-se todo dia 19.
Santo Expedito

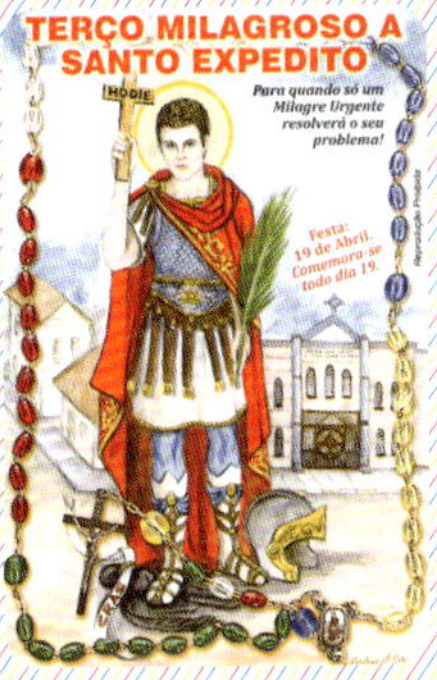

Padroeiro de Marcelo, que tem a imagem de santo Expedito tatuada nas costas, além de uma coleção com dezenas de santinhos.
O famoso santo é um dos motivos de ilustração de produtos da Oliveira Lar [p. 117].

Em 2003, Marcelo desenvolveu uma releitura dos tênis de basquete para a marca francesa Le Coq Sportif. Na Zapping, relançou o Conga e, em parceria com a Rainha, desenvolveu o modelo Rainha Vôlei e o tênis palhaço [p. 107].

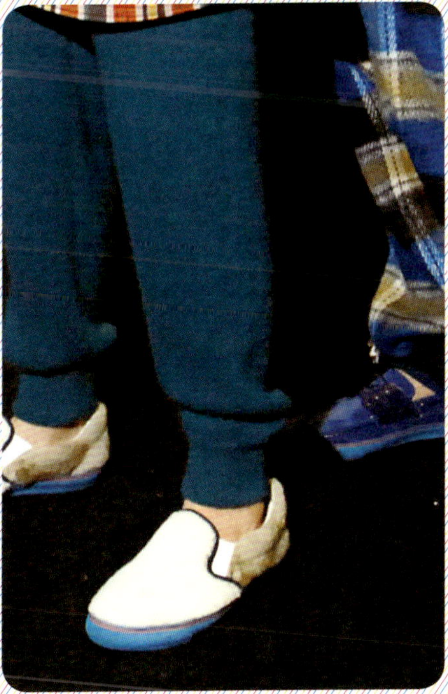

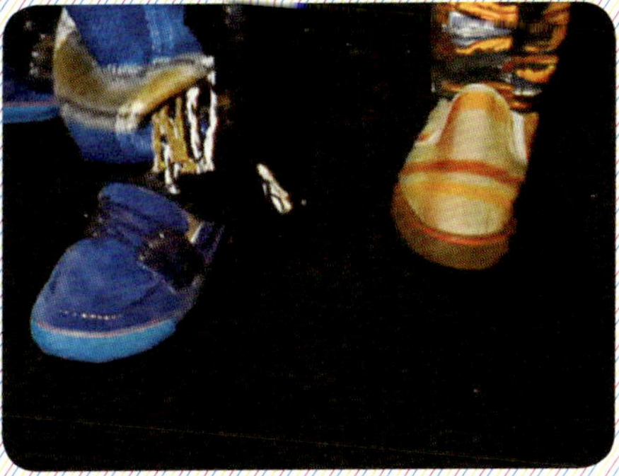

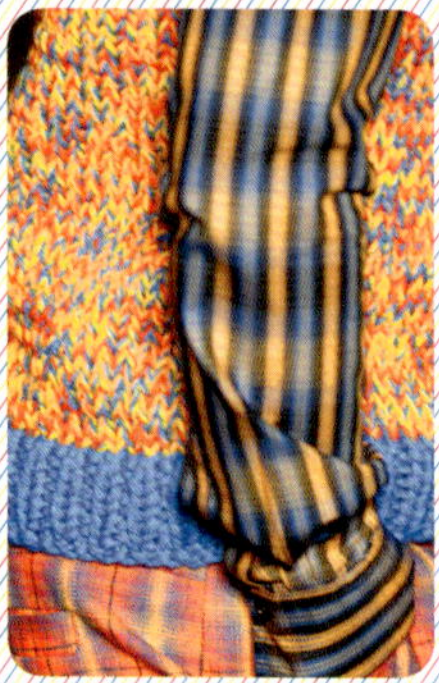

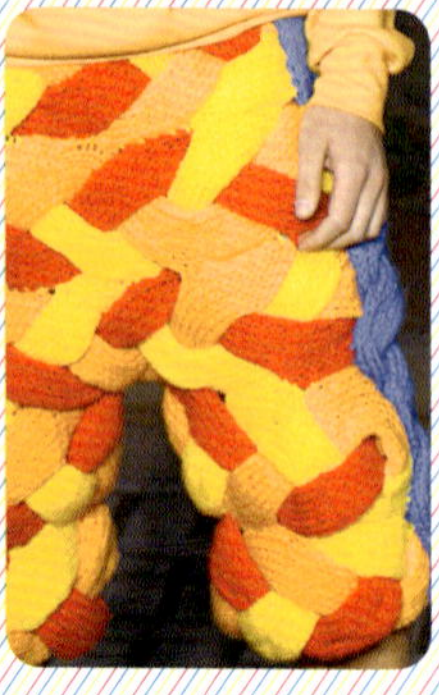

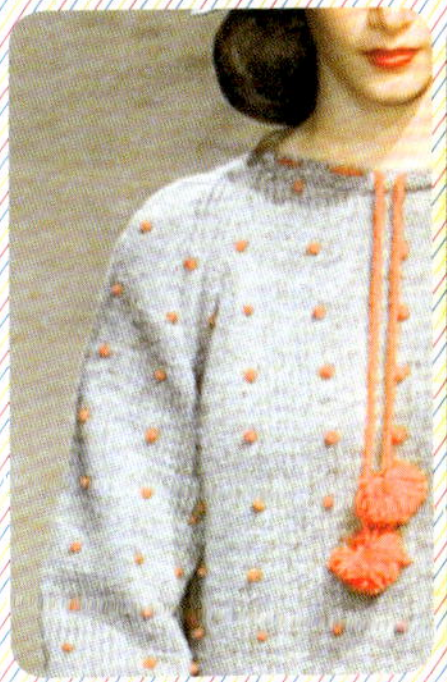

13
13

Os uniformes, sempre com ar retrô, vão de camisetas padronizadas como as usadas por jogadores de futebol, a jaquetas, calças e *shorts* esportivos. Além de uma referência, Sommer cria uniformes para vestir a juventude.

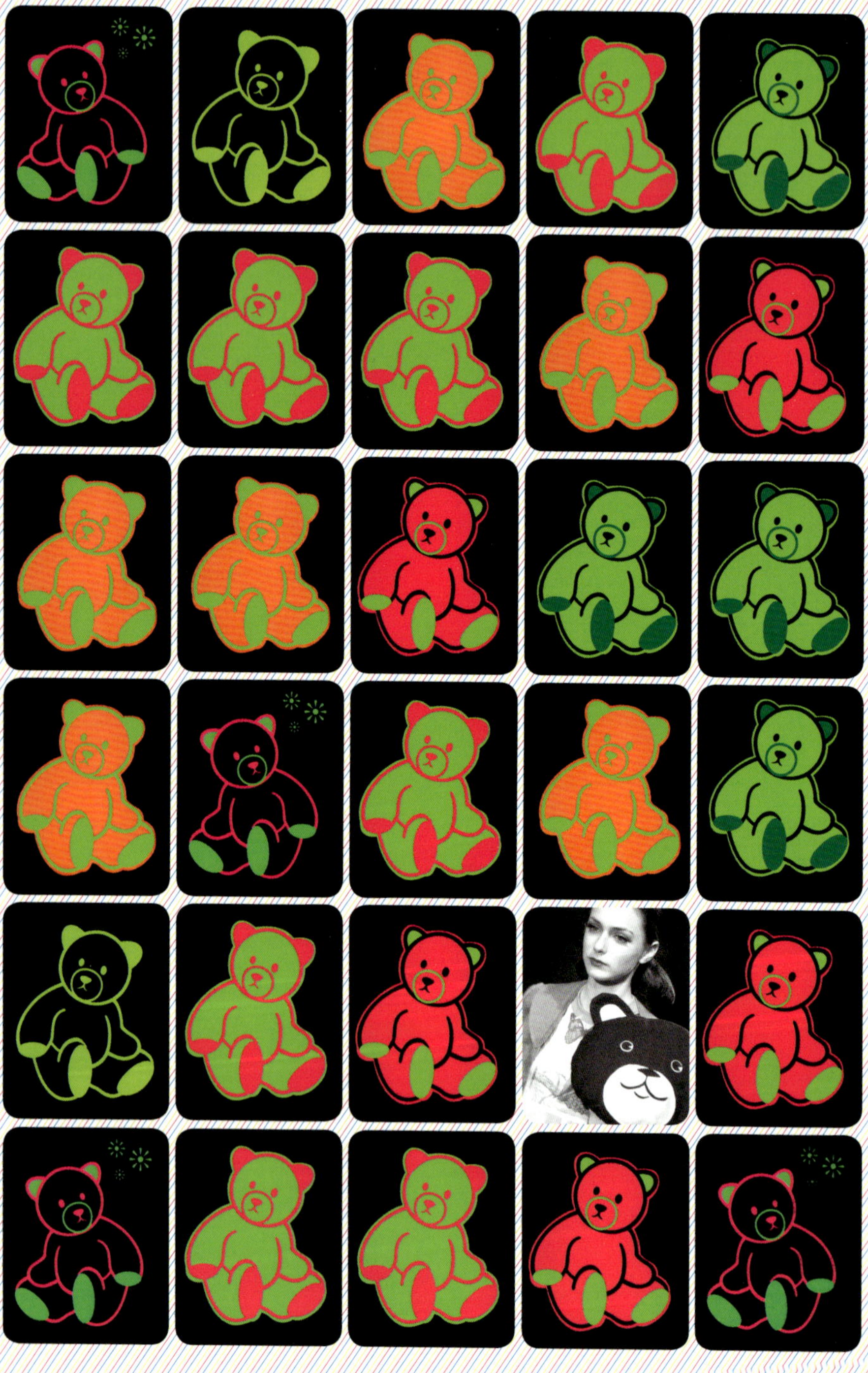

URSO

U

13

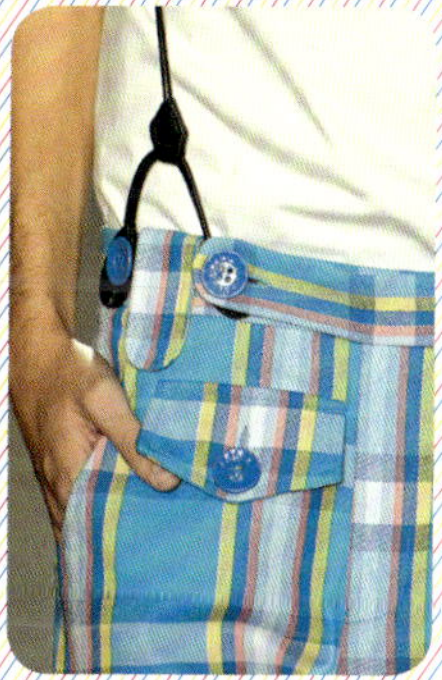

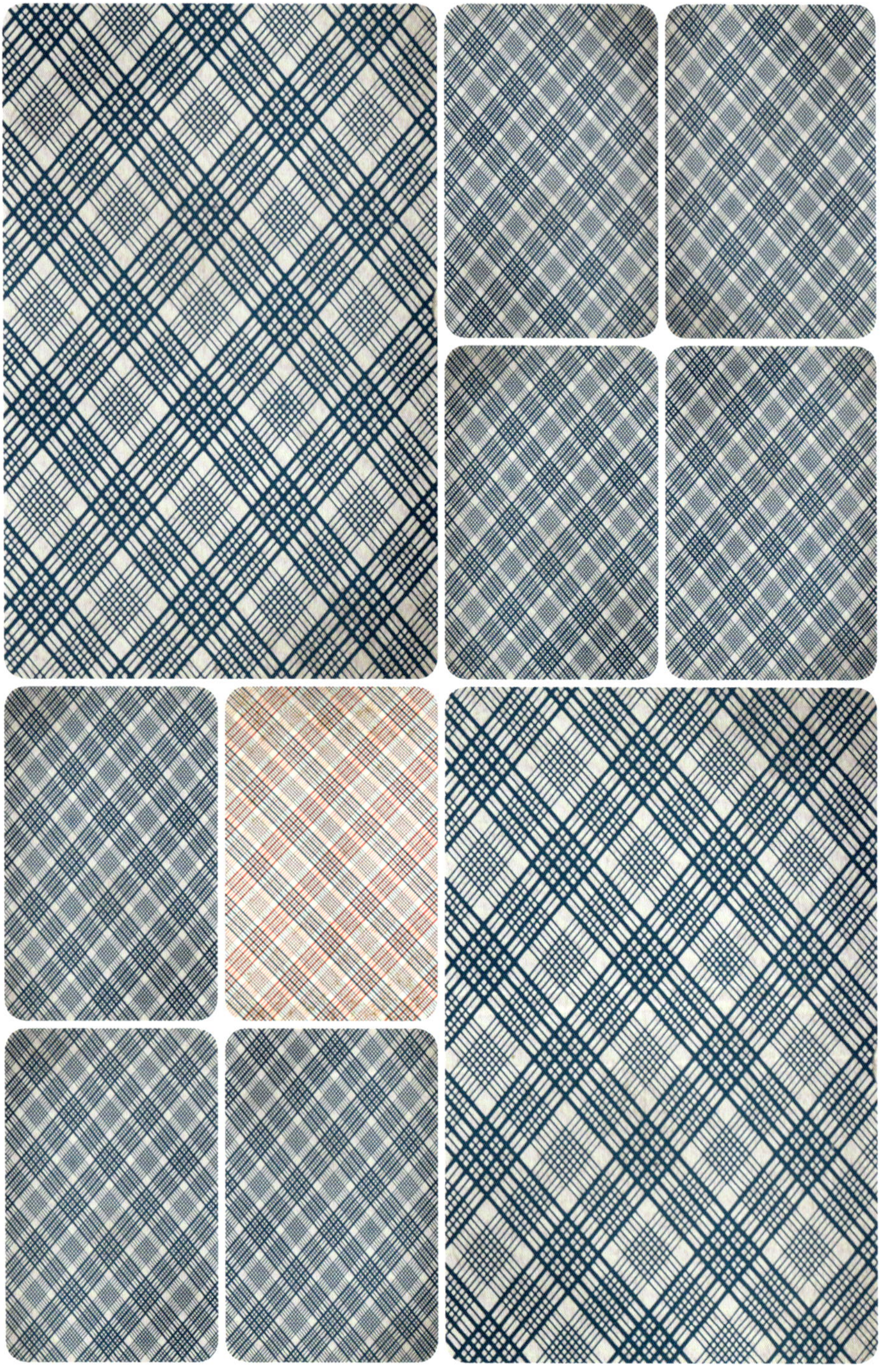

CRONOLOGIA

1967 Marcelo de Oliveira Sommer nasce no dia 1º de julho, em São Paulo. Filho de Waldemar Sommer e Maria Helena Oliveira Sommer, irmão de Ricardo e Fernando. Seu pai é proprietário da Sommer Jóias Finas, na rua Brigadeiro Luís Antônio.

1969 Lançamento da revista *Desfile*, da Bloch Editores. A Rhodia comemora 50 anos no Brasil e apresenta seu maior desfile, *Stravaganza*, na FENIT.

1970 É criada a Associação Brasileira da Indústria Têxtil e de Confecção. Lívio Rangan cria o Clube Um, reunindo um grupo de dez tecelagens e vinte confecções. O grupo reinventa a moda masculina no Brasil. Monique Evans começa a desfilar aos catorze anos para a Socila, escola de etiqueta social que instruiu muitas modelos cariocas.

1971 Zuzu Angel apresenta desfile-protesto no consulado do Brasil em Nova York. Inauguração da nova sede da tecelagem Santaconstancia, fundada em 1947.

1971 Estuda na escola Nossa Senhora das Graças, o Gracinha, no Itaim Bibi, em São Paulo.

1972 Paco Rabanne mostra coleção de laminados e acrílicos na FENIT. As empresas da indústria têxtil formam o Consórcio de Moda Brasileira em São Paulo, com a intenção de organizar eventos de moda. Dener lança sua autobiografia *Dener, o luxo*, [reeditado pela Cosac Naify, 2007].

1972 O pai de Marcelo falece em agosto, no dia dos pais.

1973 A editora Abril lança *Nova*, edição brasileira da revista *Cosmopolitan*.

1973 Começa o primário no Liceu Coração de Jesus, no ano seguinte repete a segunda série.

1975 É criado o grupo Moda Rio, primeiro núcleo organizado de estilistas com o objetivo de divulgar a moda do Rio de Janeiro por meio de desfiles e eventos, com foco em *prêt-à-porter*. Lançamento da edição brasileira da revista *Vogue*, pela Carta Editorial. Regina Guerreiro é a editora. Lançamento da revista *Noticiário da Moda*, pela editora Abril. Fernando Louza começa a fotografar os desfiles europeus para a revista.

1976 Volta a estudar na escola Nossa Senhora das Graças.

1979 Criação do grupo Coordenação Industrial Têxtil, para identificar tendências de estilo e desenvolver cartelas de cores dirigidas às empresas têxteis. Marie Rucki, diretora do Studio

Berçot, de Paris, passa a vir anualmente a São Paulo para dar cursos de estilo na Casa Rhodia.

1980 É formado o Núcleo Paulista de Moda, do qual fazem parte Alcides, Armazém, Companhia Ilimitada, G. Confecções, Huis Clos, Le Truc, Rose Benedetti, Zoomp, entre outros.

1981 Betty Prado ganha o concurso Face of the 80's (atual Supermodel of the World), promovido pela Ford Models.

1981 Viaja para o Nordeste de ônibus com uma amiga; faz a primeira de muitas tatuagens.

1982 Lançamento da revista *Claudia Moda*, da editora Abril. Costanza Pascolato é a editora. É formado o Grupo Mineiro de Moda, composto por Artimanha, Art-Man, Patachou, Renato Loureiro, entre outros. É fundada a escola de corte e costura Sigbol, em São Paulo, que hoje ampliou seus cursos e usa o nome de Sigbol Fashion.

1983 Aos dezesseis anos, é contratado pela Maison Joalheiro como *office boy*.

1984 Elisabeth Senneville, Jean-Paul Gaultier e Thierry Mugler apresentam suas coleções em São Paulo a convite da Grendene, indústria de calçados.

1984 Após um ano, com o falecimento do dono da joalheria, Marcelo passa a trabalhar como comprador de ouro para a empresa.

1985 Bob Wolfenson passa a fotografar editoriais de moda para a *Vogue*.

1986 É formado o Grupo São Paulo de Moda, com as marcas Forum, Tráfico, T. Macchione, Tweed, além de parte do extinto Núcleo Paulista de Moda. É mais uma tentativa de, ao unir forças, os estilistas mostrarem seus trabalhos ao público, em desfiles conjuntos. É criada a Cooperativa de Moda de São Paulo, que reuniu Conrado Segreto, Flávia Fiorillo, Jum Nakao, Maira Himmelstein, Marjorie Gueller, Silvie LeBlanc, Taisa Borges e Walter Rodrigues.

1986 Faz vestibular para publicidade na Escola Superior de Propaganda e Marketing (ESPM).

1986 Trabalha como vendedor para George Henri e diversas outras lojas.

1987 Criação do primeiro curso de graduação em moda na Faculdade Santa Marcelina, em São Paulo. Fundação da Class, primeira grande agência de modelos, em São Paulo.

1987 Trabalha como estagiário no SAO, escritório de design da DPZ.

1988 Lançamento da edição brasileira da revista *Elle*.

1988 Faz sua primeira viagem a Londres para estudar inglês. Mora em casa de família.

1988 Trabalha como vendedor na Benetton em Covent Garden.

1989 Em seu retorno, trabalha como vendedor da Forum e em seguida como assistente de estilo na Camisaria Nacional.

1990 A Universidade Anhembi Morumbi, em São Paulo, cria o curso superior Negócios da Moda. Lançamento da edição brasileira da revista *Marie Claire*, da editora Globo, substituindo a revista *Moda Brasil*.

1990 Trabalha como assistente de Francis Petrucci na divisão da Calvin Klein na Vila Romana, representante da marca no Brasil.

1991 A Universidade Paulista, em São Paulo, lança o terceiro curso superior de moda no Brasil.

1991 Trabalha como assistente de estilo na M2000, marca popular de tênis comandada pela estilista Francis Petrucci.

1992 Acontece a Semana Leslie de Estilo (atual Fashion Rio) no Rio de Janeiro, comandada por Eloysa Simão. Erika Palomino passa a escrever a coluna Noite Ilustrada no jornal *Folha de S.Paulo*.

1992 Volta a Londres. Faz o curso preparatório para a faculdade de moda Foundation, na Central Saint Martins School of Arts & Design, onde aprende as disciplinas básicas para a formação: desenho técnico e artístico, modelagem plana e *moulage*, pesquisa. Como o curso é noturno, durante o dia trabalha em uma multimarca em Wimbledon, chamada Matches. Mora em Kensington, próximo a Portobelo Road. Visita a feira Premier Vision, em Paris, e assiste ao desfile da estilista belga Ann Demeulemeester.

1993 É criado o curso de moda na Universidade de Caxias do Sul, no Rio Grande do Sul. Fundação do Instituto Zuzu Angel (IZA), no Rio de Janeiro, entidade civil sem fins lucrativos, que administra o espólio da estilista Zuzu Angel. Atualmente oferece cursos de moda, em parceria com a Universidade Estácio de Sá. Possui vasto acervo de roupas de estilistas brasileiros e internacionais.

1993 Trabalha como assessor de estilo de Tufi Duek. Viaja ao Japão, pela marca Forum. Considera esse o período mais importante em sua formação.

1994 O Senac São Paulo assina convênio com a escola de moda francesa Esmod e lança, no ano seguinte, os cursos de estilismo e modelagem. É criado o curso de moda na Universidade Federal do Ceará, em Fortaleza. Primeiro Phytoervas Fashion, em São Paulo, evento criado por Paulo Borges e Cristiana Arcangeli, com duas edições anuais até 1998, quando a marca foi vendida para um laboratório americano.
Beto Lago e Jair Mercancini criam o Mercado Mundo Mix, trazendo à tona a moda *underground* brasileira.

1994 Casa-se com Cristiane Ramalho de Miranda.

1995 É criado o curso de moda na Universidade Veiga de Almeida, no Rio de Janeiro. Gui Paganini passa a fotografar editoriais de moda para a revista *Elle*.

1995 Inaugura a marca Sommer no Mercado Mundo Mix, [abaixo à esquerda] com camisetas pólos de tricô e brinquedos de lata. Sai da Forum. Falece o irmão Ricardo de Oliveira Sommer.

1996 É criado o curso de moda na Universidade Estadual de Santa Catarina, em Florianópolis.

1996 Primeira edição do Morumbi Fashion Brasil, em São Paulo. Durante sessão de fotos, Shirley Mallmann conhece a fotógrafa alemã Ellen von Unwerth e inicia sua ascensão internacional.

1996 Abre escritório de moda em sociedade com Alexandre Herchcovitch. Gabriela Bueloni começa a trabalhar como vendedora. Atualmente ela é o braço direito de Sommer.
Trabalha como assessor de estilo das Casas José Silva e da marca Hangloose.

Primeiro desfile da marca Sommer no Phytoervas Fashion [à esquerda]. Em vez de modelos profissionais, chama seus amigos, que entram na passarela calçando os próprios tênis.
Ao passarem diante dos fotógrafos, saem da passarela, em vez de voltarem, como em desfiles tradicionais. Em junho, abre sua primeira loja, em parceria com Guilherme Stockler, na rua Haddock Lobo, em São Paulo. Em agosto, apresenta coleção de verão no clube Paulistano.

1997 Primeira edição da Semana de Moda, atual Casa de Criadores.
O evento, criado por André Hidalgo, reúne jovens estilistas em São Paulo.
A galeria Ouro Fino, na rua Augusta, em São Paulo, torna-se centro da moda independente, nas lojas são vendidas roupas de Alexandre Herchcovitch, Escola de Divinos, Hell's Club, A Mulher do Padre, Slam, Sommer, entre outros.

1997 São criados os cursos de moda na Universidade Estadual de Londrina, na Universidade Tuiuti, ambas no Paraná, e na Universidade Regional de Blumenau, em Santa Catarina.

1997 Participa da I Semana de Moda com a coleção inverno. Desfila a mesma coleção no Barra Fashion, no Rio de Janeiro. Passa a trabalhar como editor de moda na revista *Trip* [à direita].

Comanda o quadro fixo *Dicas do Sommer* dentro do programa *Moda Esporte Clube* na MTV Brasil [p. 150]. Cria o figurino todo em tons de azul para o espetáculo *Boteco*, da coreógrafa Renata Melo. Faz figurino do videoclipe *Firmamento* para a banda Cidade Negra, com direção da Mari Stockler. Participa pela primeira vez do Morumbi Fashion com a coleção verão 1998, *Fanfarra Havaí*, inspirada em esportes, com participação ao vivo da fanfarra do colégio Salvador Rocco [p. 150 acima]. David Pollak passa a assinar o *styling* dos desfiles. Ministra o *workshop* Comportamento: Moda de Rua e Atitude, na Oficina Cultural Oswald de Andrade, em São Paulo. Na ocasião conhece as amigas Fabia Bercsek e Emilene Galende, que se torna sua assistente. Abre loja com Alexandre Herchcovitch na galeria Ouro Fino, em São Paulo [p. 150 abaixo].

1998 É criado o Centro de Educação em Moda do Senac, em São Paulo.

1998 Apresenta a coleção inverno 1998 *Burt Bacharach*, no Morumbi Fashion, inspirada em fadas e florestas, com cenário e muitas roupas pintadas à mão. Em maio recebe o prêmio de estilista revelação do Phytoervas Fashion Awards. É considerado o melhor estilista jovem pelo prêmio Noite Ilustrada, oferecido por Erika Palomino em sua coluna semanal no jornal *Folha de S.Paulo*. Apresenta a coleção verão 1999, *Picadeiro*. Estréia como diretor criativo da Zapping.
A primeira coleção da marca desfilada no Morumbi Fashion é inspirada em funcionários de fábrica.
Nesta ocasião, em parceria com a Alpargatas, ressuscita o tênis Conga com grande sucesso de vendas. Fecha a loja da rua Haddock Lobo. Passa a vender na multimarca Doc Dog.

1999 É criada a Associação Brasileira de Agências de Modelos. Gisele Bündchen recebe prêmio de melhor modelo do ano no Vogue Fashion Awards.

1999 Participa do Morumbi Fashion com duas coleções. Pela marca Sommer, apresenta o desfile *Pelúcia*. Pela Zapping, roupas infláveis no desfile *Star Wars*. Cria as fantasias da cantora Ivete Sangalo para seus shows nos quatro dias do carnaval, em Salvador. Em junho, apresenta, no Morumbi Fashion, sua última coleção pela Zapping. O desfile acontece no supermercado Pão de Açúcar, no Ibirapuera [à esquerda]. A coleção verão 2000 da marca Sommer é desfilada no clube noturno Symbol, em paralelo à semana de moda, em São Paulo. Faz um *smoking* sem mangas para Carlinhos Brown apresentar o Smirnoff International Fashion Awards, em Salvador. Em dezembro apresenta desfile na Casa de Detenção de São Paulo, no complexo do Carandiru, em que treze presidiários travestis desfilam criações temáticas como noiva, diaba, *cowgirl*, *cheerleader*, ao som de Roberto Carlos, com participação de Rita Cadillac e cenografia de Pier Balestrieri. O evento é o lançamento do projeto *Talentos Aprisionados*, criado pela assistente social Catherine Sophia Bisilliat, para levar cultura aos presos [à esquerda].

2000 A marca catarinense Colcci é adquirida pelo grupo Menegotti, atual AMC Têxil. É o início da criação de conglomerados de grifes no Brasil. Marcas geralmente administradas pelo próprio estilista são adquiridas por gestores profissionais, tornando-se parte de um grupo. Lilian Pacce passa a comandar o programa televisivo GNT Fashion.

2000 A coleção inverno *Bola 13* é apresentada no Morumbi Fashion. É o primeiro desfile com cenografia de Pier Balestrieri. Abre a loja Gênesis, projeto do arquiteto Marcelo Rosenbaum, no shopping Villa-Lobos. A loja, sem vitrines, inteira vermelha, torna-se atração do shopping. Passa a vender linha exclusiva de produtos Sommer na loja Daslu Homem, em São Paulo. Faz participação especial no filme *Xuxa Popstar*, ao lado de Lino Villaventura e Ronaldo Fraga. Apresenta coleção de verão em tom de azul no Morumbi Fashion. Cria figurino para o seriado juvenil *Sãos & Salvos*, da TV Cultura. É eleito patrono da turma de formandos da Escola de Moda Cândido Mendes, no Rio de Janeiro.

2001 Décima edição do Morumbi Fashion Brasil, quando o evento passa a chamar-se São Paulo Fashion Week (SPFW). Primeiro Amni Hot Spot na Casa Rhodia, em São Paulo, evento que incentiva novos talentos da moda. É criado o Instituto Brasileiro de Moda, instituição voltada exclusivamente à área de negócios da moda.

2001 Abre a loja Balneário, inteira verde, na alameda Tietê, em São Paulo. Na primeira edição do SPFW, Marcelo desfila sua coleção inverno 2001, *Urso*, com direção de Mari Stockler. Cria modelo de calça *jeans* para a linha Engeneered, da marca Levi's, vendida nas lojas mais conceituadas da grife. Em abril, faz a exposição *Arte na moda*, em que apresenta sua coleção de camisetas comemorativas da Revolução de 32, e ensaio fotográfico de Rochelle Costi [à esquerda], com curadoria de Ricardo Resende, no Museu de Arte Moderna (MAM) do shopping Higienópolis. Na segunda edição do SPFW, apresenta coleção verão 2002 *House Barroco*, toda verde, desfilada por modelos e não-modelos, que dançam diante dos fotógrafos. Os calçados são da série de tênis feita em parceria com a marca francesa Le Coq Sportif.

2002 A coleção do inverno intitulada *De épocas* conta com a participação da atriz Maria Flor, performance de Juarez

Machado e modelos mirins desfilando peças da parceria com a marca de brinquedos Estrela [abaixo]. João Paulo Diniz torna-se sócio da marca Sommer. Com inspirações fetichistas e tecidos decorativos, Marcelo encerra a quarta edição do SPFW. A coleção verão 2003, *Cama, mesa e banho* acomoda os convidados da primeira fila em mesas redondas de festa de casamento. Robert Stevão passa a fazer maquiagem e cabelo dos desfiles. É inaugurada a loja Sommer, projeto desenvolvido por Fernando Sommer, decorada com brinquedos abandonados de parques de diversões. A marca Sommer é licenciada para a sandália Esmeralda, da Melissa.

2003 É criada a Associação Brasileira de Estilistas. É realizada a primeira edição do festival Filme Fashion, idealizado por Alexandra Farah. Primeira edição do Floripa Donna Fashion, em Santa Catarina. O evento reúne desfiles de marcas catarinenses e de grandes grifes brasileiras.

2003 Apresenta no SPFW a coleção inverno *Fun-farra social*, inspirada em recente viagem a Moscou e nas cores da bandeira de São Paulo. Em junho, faz parceria com a cooperativa de costureiras da Rocinha (COOPA-ROCA). Luciana Curtis abre o desfile da cooperativa no SPFW vestindo modelo de Marcelo Sommer bordado pelas artesãs [acima]. No segundo dia do evento, desfila sua coleção verão 2004 *Cocktail dry*. Lança com Nídia Duek a coleção *Street couture*, vestidos temáticos em tons de cinza, metidos a alta-costura, com excelente construção e acabamento. Veste Gilberto Gil, homenageado na premiação do Grammy Latino. Cria uma linha de camisetas para arrecadar fundos para a ONG Fundação Gol de Letra, organizada pelo ex-jogador de futebol Raí. É o editor de moda em edição especial da revista *Simples*.

2004 O desfile de inverno do SPFW é apresentado na rua Augusta [à direita], em parceria com a prefeitura de São Paulo, durante a comemoração dos 450 anos da cidade. A rua é fechada para acomodar jornalistas, fotógrafos e a passarela que começava na entrada da loja Sommer e terminava no meio do asfalto. Reformula o figurino das apresentadoras da rede de TV Bandeirantes, a convite de Marlene Mattos. Participa como coordenador de moda e estilo do concurso Miss Brasil, que completa 50 anos [à direita]. Produz as peças para a Catalina, tradicional fábrica de maiôs e antiga patrocinadora do evento. Vende sua marca à AMC Têxtil, passa quatro dias por semana em Brusque, Santa Catarina, para exercer o cargo de diretor criativo da marca Sommer. Desfila coleção verão 2005, *Futurista*, no SPFW, trazendo novamente o universo do circo, com ar de *flashback*, pitadas espaciais, rock, anos 1970 e 1990.

2004 Viaja à Islândia com Luciana Curtis e Henrique Gendre.

2005 Desfila a coleção *Islândia* no SPFW, com roteiro e direção de arte de Alberto Renault, apresentada em palco italiano e formato cinemascope. A coleção verão 2006, apresentada no SPFW, é inspirada nos *Tiki* e na arte da Polinésia com estampas e silhuetas do pós-guerra, com direção de arte de Alberto Renault e coreografia de Márcia Milhases. A campanha dessa coleção é fotografada por Henrique Gendre no extinto Bingo Imperatriz, com decoração étnica.

2006 Em 23 de janeiro, Marcelo Sommer apresenta no SPFW a coleção *Sem título*, a